1914 - 1918

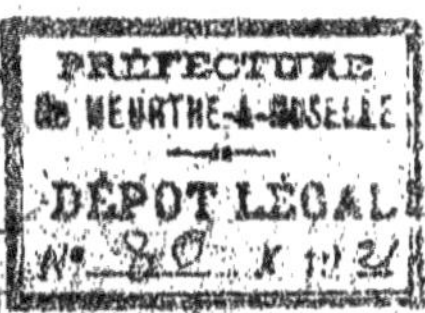

LES

HOSPICES CIVILS

DE NANCY

PENDANT LA GUERRE

NANCY
—
IMPRIMERIE LORRAINE — RIGOT & Cⁱᵉ
51-57, Rue Saint-Georges

1921

LES

HOSPICES CIVILS

DE NANCY

PENDANT LA GUERRE

———

1914 - 1918

LES
HOSPICES CIVILS

DE NANCY

PENDANT LA GUERRE

NANCY

IMPRIMERIE LORRAINE — RIGOT & Cⁱᵉ
51-57, RUE SAINT-GEORGES

1921

AVANT-PROPOS

La Commission administrative des Hospices civils de Nancy a chargé M. Marcel Gauguery, son économe, de réunir tous les documents relatifs à la période de guerre et de faire un résumé historique des terribles journées vécues par nos établissements.

Il s'est acquitté de cette mission avec la conscience professionnelle qu'il apporte dans tous les actes de la vie administrative, s'efforçant de mettre en lumière le dévouement de tous ceux qui ont collaboré à notre effort patriotique.

Mais ce qu'il n'a pas dit, et ce qu'il est de notre devoir de proclamer, c'est le rôle prépondérant que lui-même a joué pendant toute cette longue tragédie.

Admirablement préparé à sa tâche par un long stage dans un hôpital mixte, il connaissait à fond la comptabilité si compliquée du Service de Santé et a dû assumer, à la fois, les fonctions d'économe et d'officier comptable, sans aucun autre concours technique.

Il a ainsi, pendant près de cinq années et avec un personnel de fortune, assuré la partie commerciale, la comptabilité civile et militaire, en un mot toute l'administration intérieure et la vie matérielle de nos établissements, comprenant toujours une population de plusieurs milliers d'habitants.

C'est là une charge écrasante, pour l'accomplissement de laquelle il a fallu à M. Gauguery une énergie et un dévouement surhumains ; passant une grande partie de ses nuits au travail après des journées déjà trop laborieuses, il a pu ainsi maintenir ses différentes comptabilités à jour et obtenir, par des documents irréfutables, le remboursement, par le Service de Santé, d'une somme supérieure à 600.000 fr., représentant le montant de la perte que nos établissements auraient subie sur les tarifs établis par nos différentes conventions avec l'Etat.

Aussi la Commission administrative ne lui a-t-elle jamais ménagé l'expression de sa gratitude ; elle l'a nommé chef de ses services administratifs et est heureuse de signaler sa belle et patriotique conduite en tête de ce Rapport.

Pour la Commission administrative,

LE VICE-PRÉSIDENT :

Alfred KRUG.

CRI DU CŒUR !

Avec le retour de l'état de paix, nos établissements hospitaliers ayant vu prendre fin au rôle qui leur avait été dévolu pendant la guerre, nous avons pensé qu'il convenait de retracer dans un modeste travail l'effort qu'ils ont accompli et la vie d'angoisse et d'épreuves qu'ils ont dû supporter pendant les cinq années d'hostilités.

A nos Morts, nous devons un pieux hommage de vénération !

A nos Collaborateurs, le témoignage de notre bien sincère reconnaissance !

A nos Amis, qui dans les moments critiques nous ont offert leurs précieux conseils et souvent même leurs services, nos affectueux remerciements !

Aux éminentes Personnalités qui ont bien voulu honorer nos blessés de leur visite et nous accorder dans nos travaux l'appui de leur haute autorité, l'hommage de notre respectueuse gratitude !

A nos Concitoyens, enfin, nous devons exposer comment nos hôpitaux se sont, au cours de la grande guerre, montrés dignes de la confiance que la Cité avait placée en eux !

C'est le but que nous avons recherché en écrivant les pages qui suivent.

Nancy, le 25 février 1921.

LES HOSPICES CIVILS DE NANCY
PENDANT LA GUERRE 1914-1918

I

Pendant la Période de Tension diplomatique et la Mobilisation

Quand, à la fin du mois de juillet 1914, survint la tension diplomatique entre les Empires centraux et les puissances de l'Entente, nos hôpitaux étaient en pleine période d'améliorations intérieures et d'extension : l'Hôpital civil s'agrandissait en façade de la rue de Strasbourg, l'Hospice Saint-Julien se voyait doter du pavillon Louise-Elisabeth ; la Maison Marin avait été organisée en établissement hospitalier quelques années auparavant ; l'Hôpital H. Maringer venait d'être ouvert depuis trois mois et l'Hôpital Villemin était fort avancé dans sa construction. La Commission administrative employait, en un mot, toute son activité à développer les moyens qu'elle pouvait avoir à sa disposition pour soulager la souffrance et la misère, sans que jamais son attention ait été attirée sur la destination que pourraient recevoir ses établissements en cas de guerre, ou encore sur le rôle qu'on pourrait leur demander de remplir. C'est dire une fois de plus que, dans nos hôpitaux comme dans la France entière, malgré les menaces répétées de l'Allemagne, on ne pouvait se faire à l'idée d'une guerre !

Aussi, dès les premiers bruits de désaccord, avant même que l'on ait pu croire réellement que la tension pût amener notre pays à la guerre, la Commission eut-elle la grave préoccupation de songer au sort de ses établissements et d'examiner les moyens de leur faire rendre éventuellement à la Nation le maximum de services.

La mobilisation devait priver l'Administration hospitalière de la presque totalité de son personnel administratif, de nombreux membres du corps médical et de presque tous ses infirmiers. Il fallait songer à s'assurer des concours nouveaux et nombreux, penser à étendre la capacité d'hospitalisation des établissements, constituer des stocks d'approvisionnement, réaliser des ressources pour avoir de l'argent liquide et prévoir le règlement de combien d'autres questions importantes.

Dès le 31 juillet, la Commission administrative convoquée d'urgence par son vice-président, M. Alfred Krug, procéda à l'examen approfondi de toutes ces questions. Le renvoi de tous les malades civils dont l'état de santé le permettait sans crainte de complications, fut envisagé ; le directeur-économe, M. Brousse, fut invité à constituer, par mesure de précaution, d'importants stocks de farine, vin, épicerie, chauffage, etc., etc. ; le pharmacien-chef, M. le professeur Guérin, fut prié de se tenir prêt à faire face à la situation, et le receveur, M. Babou, fut chargé de retirer des fonds de la Trésorerie générale.

La Commission administrative étudia, en outre, un projet d'installation de lits militaires dans ses divers hôpitaux et hospices et, pour doubler encore ses moyens d'action, rechercha quels établissements de la ville pourraient éventuellement être mis à sa disposition. Elle projeta enfin la création d'un brassard et d'une lettre de service qui seraient remis en cas de mobilisation à chaque personne attachée à ses hôpitaux, de façon à lui faciliter, de jour comme de nuit, une libre circulation dans les rues de Nancy.

Toutes ces précautions ne devaient pas être inutiles. Le lendemain, 1er août, la Commission, réunie à nouveau, constata à regret, devant l'appel des réserves du 20ᵉ corps effectué au cours de la nuit précédente, que la situation internationale ne laissait que peu d'espoir d'arrangement pacifique. Il fallait envisager avec calme et résolution les devoirs que les événements comportaient. Toutes les mesures arrêtées la veille furent, sans plus tarder, mises à exécution. La Commission décida de faire effectuer rapidement les travaux indispensables pour l'utilisation de l'Hôpital Villemin et de demander à M. le Recteur de l'Université la mise à sa disposition des locaux de l'ancien Grand-Séminaire. Elle décida, en outre, de solliciter le prêt d'un matériel important de literie militaire qui pouvait être pris dans les différentes casernes de Nancy.

Pendant que la Commission administrative délibérait sur ces importantes questions, aucune communication ne venait du Service de Santé de la Place de Nancy, qui n'avait d'ailleurs jamais songé au rôle qu'il pourrait demander à nos établissements de remplir en cas d'hostilités. Devant cette situation spéciale, la Commission chargea son directeur-économe, M. Brousse, d'entamer des pourparlers immédiats avec le directeur du Service de Santé du corps d'armée.

La Commission se préoccupa aussi vivement des ressources que le corps médical pourrait lui apporter et, dans ce but, désigna son vice-président, M. Krug, pour examiner la situation avec le doyen de la Faculté de Médecine, M. le professeur Meyer.

Enfin, la Commission songea à faire une fois de plus appel au dévouement de la Congrégation des Sœurs de Saint-Charles, en priant Mᵐᵉ la Supérieure générale de mettre à la disposition de nos établissements toutes les sœurs disponibles à la Maison mère. Elle prit, en outre, la décision d'accepter tous les concours bénévoles des dames et des jeunes filles de la ville qui, en grand nombre, venaient offrir leurs services, et pria Mᵐᵉ la Supérieure de l'Hôpital civil, Sœur Louise Barrot, de se charger du recrutement de ces concours féminins.

Pendant ce temps, la situation s'aggravait toujours et, le 1ᵉʳ août, vers 5 heures du soir, on apprenait que la mobilisation générale était décrétée.

A partir de ce moment d'extrême tension, la Commission décida de siéger en permanence.

Pour assurer la liaison continuelle entre la Commission administrative et les autorités, le vice-président, M. Alfred Krug, s'installa à demeure à la Pension Bon-Secours, où il resta constamment pendant les premiers mois de la guerre. Plus tard, frappé dans ses affections les plus chères et touché gravement par la maladie, M. Krug demanda à son collègue, M. Albert Jambois, conseiller général de Meurthe-et-Moselle et ordonnateur de la Commission des Hospices, de le remplacer dans le service de permanence. Les pouvoirs des administrateurs-surveillants des autres établissements furent aussi étendus : c'est ainsi que M. l'administrateur Jérôme Lévy prit une part active à l'organisation de guerre de l'Hôpital H. Maringer et de l'Hôpital Villemin, et que M. l'administrateur Paul Aron s'occupa vivement de l'Hospice Saint-Julien. Trois membres de la Commission, MM. Gustave Simon, Edouard Barthélémy et Louis Bussière, membres également du Conseil municipal, appelés de ce fait à siéger à toute heure à l'Hôtel de Ville, devaient se dépenser avec un infatigable dévouement dans leur double fonction. M. l'administrateur Guinier, touché par un ordre d'appel, avait déjà dû rejoindre son poste de mobilisation.

A partir du 2 août commença une période d'activité particulièrement fiévreuse : tous les soins et tous les instants furent consacrés à l'installation de nos hôpitaux et des formations annexes que l'on put ouvrir. Le directeur-économe, ainsi qu'il en avait été chargé, était allé demander au directeur du Service de Santé du 20ᵉ Corps de lui indiquer le rôle qu'il réservait à nos établissements. Le médecin-inspecteur-directeur objecta que le Service de Santé ne pouvait reconnaître nos hôpitaux qui étaient purement civils, attendu que les instructions ne prévoyaient que les hôpitaux militaires, les hôpitaux mixtes et les hôpitaux auxiliaires des trois grandes sociétés de la Croix-Rouge française reconnues par l'Etat.

Pour ne pas perdre de temps, la Commission administrative pensa solliciter de la Société de Secours aux Blessés militaires une affiliation théorique, étant entendu que, comme fonctionnement, nos hôpitaux conserveraient leur entière autonomie. M. Albert Jambois, ordonnateur, fut prié de faire une démarche dans ce sens auprès de M. Guyot, directeur honoraire de l'Ecole nationale des Eaux et Forêts et président du Comité de Nancy de cette Société.

A la Déclaration de Guerre

Organisation de nos Hôpitaux et Création d'Ambulances

Entre temps, l'Allemagne avait accompli l'irréparable. Après avoir déclaré le 1er août la guerre à la Russie, elle la déclarait le 3 à la France.

Il n'y avait plus alors de doute ; il fallait activement poursuivre les préparatifs commencés, pour être prêts dès les premiers besoins.

M. Albert Jambois avait vu M. Guyot qui, ayant immédiatement réservé le meilleur accueil à la demande de la Commission administrative, voulut bien venir lui-même conférer avec elle. Au cours de l'entretien, l'affiliation de nos hôpitaux à la Société de Secours aux Blessés fut décidée séance tenante et sans autres formalités, et M. Guyot, en accord avec M. Ambroise, délégué régional, consentit même à mettre, à titre temporaire, à notre disposition, des équipes de brancardiers.

Le Service de Santé militaire, prévenu de cette affiliation, nous fit connaître son agrément et le directeur, M. le médecin-inspecteur Sieur, nous fit annoncer sa visite pour le lendemain.

La veille nous avions adressé à M. le général Foch, commandant le 20e Corps d'armée, une demande d'importante fourniture de couchages militaires, de façon à organiser les formations annexes que nous avions en vue.

M. le médecin-inspecteur Sieur étant venu visiter nos hôpitaux comme il l'avait promis, M. le président Krug lui exposa le programme d'action de la Commission administrative ; et comme le médecin-inspecteur manifestait son inquiétude de ne pas avoir à sa disposition un grand hôpital de contagieux, M. Krug lui proposa l'hôpital Villemin. Le médecin-inspecteur l'ayant visité s'en déclara très satisfait et se retira après avoir promis de faire mettre à notre disposition 1.500 lits militaires complets.

En même temps aboutirent les pourparlers engagés avec M. le recteur Adam, en vue de la cession momentanée des locaux de l'ancien Grand-Séminaire appartenant à l'Université de Nancy. M. le Recteur, avec sa bonne grâce habituelle, agréa la demande de la Commission administrative et, sans plus tarder, un procès-verbal de remise des locaux fut signé. M. le professeur Nicklès, de la Faculté des Sciences, et M. H. Olivier, secrétaire de l'Université, voulurent bien apporter leur concours le plus dévoué à l'installation en ambulance des locaux de l'établissement, à la mise en état desquels collaborèrent un certain nombre de religieuses de l'Hôpital civil, de dames et jeunes filles infirmières volontaires, et plus particulièrement Mme et Mlle Gabrielle Olivier. Les bureaux furent installés dans l'ancienne salle des gardes et dans l'antichambre par où on accédait autrefois, au temps des missions royales, à la chambre à coucher du roi Stanislas. Les services généraux furent organisés dans les appartements d'apparat, réservés jadis aux étrangers qui venaient faire une retraite aux missions. Les grandes salles des 1er et 2e étages furent aménagées en salles de malades, et les locaux du pavillon Saint-Charles furent organisés pour parer aux besoins futurs.

Dans cette organisation, nous devons plus particulièrement rendre hommage à M. le professeur Nicklès, de regrettée mémoire, et à M. H. Olivier, ainsi qu'à Mme et Mlle G. Olivier qui, plus tard, apportèrent un très large concours à la Commission administrative dans le fonctionnement de l'établissement, qui prit le nom d'Hôpital de l'ancien Grand-Séminaire. M. Henri Olivier assura en effet les fonctions d'administrateur local, Mlle G. Olivier, celles de directrice, et Mme Olivier, celles d'économe. Les malades y reçurent plus particulièrement les soins éclairés de M. le professeur Pierre Parisot qui, pendant plusieurs mois, en fut le médecin-chef, et les petits blessés ceux de M. le docteur Knœpfler. Ultérieurement, l'hôpital abrita des hospitalisés militaires des centres de mécanothérapie, d'électrothérapie, de neurologie et, enfin, de kinésithérapie dont nous reparlerons plus loin. Successivement, suivant leur spécialité, y donnèrent leurs soins M. le professeur Frœlich, M. le docteur Lamy, M. le professeur Louis Spillmann et M. le docteur Hanriot.

Menant de front plusieurs installations, la Commission organisa également en ambulance la maison Marin et l'immeuble attenant, dénommé maison Aron. On y installa des couchettes militaires et on compléta l'organisation avec des meubles de fortune de façon à permettre l'hospitalisation de 150 malades. Ces deux maisons, réunies sous une même direction, prirent le nom d'Hôpital Marin.

Le service médical fut confié à M. le professeur Pierre Parisot qui, comme nous venons de l'écrire un peu plus haut, avait déjà accepté les fonctions de médecin-chef de l'Hôpital de l'ancien Grand-Séminaire. Il fut assisté plus spécialement à l'Hôpital Marin par MM. les docteurs Mathieu, Rigault et Mlle Béogradatz. La direction locale fut confiée à Sœur Ferdinand Burtin, sous la surveillance générale de Mme la Supérieure de l'Hôpital civil.

Les travaux provisoires que la Commission administrative avait d'autre part ordonnés pour mettre l'Hôpital Villemin en état de fonctionner furent rapidement achevés. Des lits militaires y furent installés et l'ameublement complété par du mobilier réquisitionné. M. le professeur Haushalter, avec la précieuse collaboration de M. le professeur agrégé Fairise et, plus tard, de MM. les docteurs Rueff et Marchand, voulut bien en assurer la direction médicale. Mme la Supérieure générale de la Congrégation des Sœurs de Saint-Charles consentit, de son côté, à mettre à la disposition de la Commission administrative sa secrétaire, Mme Sœur Victoire Bourquin, qui assura pendant plusieurs mois, avec un esprit d'initiative et d'organisation qui lui font honneur, les fonctions de supérieure de l'établissement. Plus tard, le besoin de sa présence à la Maison-mère s'étant fait sentir, elle fut remplacée dans ses fonctions à l'Hôpital Villemin par une religieuse de l'Hôpital civil, Sœur Laurence Duval, qui s'y dévoua, sans compter avec ses forces, au point que son état de santé s'en altéra profondément.

L'Hôpital H. Maringer avait été aussi complété comme installation. Sa capacité d'hospitalisation avait été augmentée avec des lits militaires. Cet établissement, placé sous la direction de Sœur Rose Prieur, abrita jusqu'à 300 blessés qui reçurent les soins les plus attentifs de M. le docteur Adam. Ce praticien voulut bien en effet prêter son concours dans la direction médicale de l'hôpital, où il reçut la collaboration de M. Guidon, chirurgien-dentiste à Nancy, et de plusieurs étudiants étrangers. Réservé exclusivement pendant les premiers mois de la guerre aux blessés militaires, l'Hôpital H. Maringer vint compléter la puissante organisation chirurgicale de l'Hôpital civil. Ultérieurement, des services de spécialités, dont nous aurons l'occasion de parler, y furent installés.

En même temps qu'on dépensait une activité fiévreuse à mettre sur pied tous les établissements que nous venons de citer, il s'accomplissait à l'Hôpital civil un énorme travail de préparation et de transformation.

Cet hôpital devait être le centre d'action de l'hospitalisation de guerre assumée par la Commission : il fallait donc y créer un organisme qui puisse répondre aux efforts que l'on en attendait.

Si complexes que puissent paraître les organisations multiples qui y furent improvisées, la tâche ne fut pas trop lourde, grâce à l'intelligente initiative et à l'activité de Mme la Supérieure, Sœur Louise Barrot, qui fit preuve d'un réel talent d'organisatrice, tirant de tous les concours qui s'étaient offerts le maximum de rendement. Elle sut mettre chacun à sa place, et, avec les qualités remarquables que tout le monde lui connaît et qui font le charme de son caractère, elle sut conserver envers son personnel et ses malades la douce autorité qui convenait. Vis-à-vis des dames et des jeunes filles qui étaient venues s'offrir, elle fut l'amie et le guide, entourée de respect et d'affection. En quelques jours, les grands services de chirurgie et de médecine furent prêts ; le service d'ophtalmologie, celui d'urologie, celui d'oto-rhino-laryngologie, ceux de la médecine et de la chirurgie infantiles furent transformés en services de chirurgie générale. Des lits militaires furent installés dans tous les locaux disponibles (pouponnière, ancien pavillon de contagieux, galeries fermées, etc.,) de façon à augmenter la capacité d'hospitalisation de l'établissement. M. le doyen honoraire Gross conserva son service de chirurgie générale ; M. le professeur Weiss, mobilisé, fut remplacé par M. le professeur agrégé G. Michel, qui ne fut mobilisé que deux années plus tard ; M. le professeur Rohmer assura le service de chirurgie générale du pavillon d'ophtalmologie ; M. le professeur Vautrin celui installé dans le pavillon des enfants ; MM. les professeurs Simon et Etienne conservèrent la direction de leur service de médecine générale et M. le professeur agrégé Guilloz celle du service de la radiographie et d'électrothérapie, avec la collaboration de M. Rothé, professeur à la Faculté des Sciences, en l'absence du chef de travaux, M. le docteur Lamy, touché par la mobilisation.

M. le professeur agrégé Fairise, et MM. les docteurs Gœpfert, Louis Michel, Jules Sterne nous apportèrent également, à l'Hôpital civil, leur dévouée et précieuse collaboration.

Nous aurons, au cours de ce travail, l'occasion de retracer plus en détail l'œuvre de guerre accomplie par notre Hôpital central (Hôpital civil), qui n'en a pas moins rempli pour cela, vis-à-vis des populations civiles, ses devoirs légaux d'assistance. Ajoutons cependant que la Commission réserva aux officiers malades ou blessés la Pension Bon-Secours, dont la merveilleuse organisation fut fort appréciée par ceux qui y furent traités.

Voulant apporter à l'armée son concours le plus large possible, la Commission compléta ses installations par la création, à l'Hospice Saint-Julien, d'un service de petits blessés de 50 lits, qui fonctionna pendant toute la durée des batailles du Grand-Couronné, avec le concours de médecins militaires et celui, des plus dévoués, de Mlle Joséphine Mondlange, externe des hôpitaux. La direction en fut assurée par Sœur Joseph Arnaud, supérieure de l'établissement, qui, malgré son âge et les charges déjà très lourdes de ses fonctions habituelles, prodigua ses soins maternels aux blessés qui lui furent confiés.

L'Hospice Saint-Stanislas fut le seul établissement où la Commission administrative ne créa pas, en raison de sa population infantile, d'organisation militaire. Mais sous la direction de Sœur Hippolyte Hacquard, supérieure, nos petits orphelins travaillèrent activement, pendant les premiers mois de la guerre, à la confection de la charpie qu'au début on dut utiliser pour les soins des blessés, dans la crainte de manquer d'objets de pansements.

Après avoir procédé à ces différentes organisations, la Commission eut la satisfaction de se voir offrir plusieurs concours qu'elle n'avait pas escomptés.

Ce fut, d'abord, celui de Mlle Mathilde Duré et de ses deux nièces, Mlles Claire et Camille Duré qui, avec un dévouement digne d'éloges, organisèrent une ambulance de 40 lits dans le pensionnat de jeunes filles qu'elles dirigeaient avant la guerre, et en prirent la direction avec le concours de médecins militaires.

Ce fut ensuite celui de Mme et M. Paul Couillard, administrateur-directeur de la Laiterie Saint-Hubert, qui organisèrent dans leur propre habitation, et à leurs frais, une ambulance de 12 lits pour petits blessés. M. Delalle, boulanger à Nancy, voulut bien apporter sa contribution à l'œuvre de nos blessés de guerre, en offrant généreusement le pain nécessaire au fonctionnement de cette petite ambulance. Au début, mais pendant quelques semaines seulement, l'ambulance reçut un peu plus d'extension par suite de la mise à la disposition de nos blessés, par M. le commandant d'artillerie Gavini, de son appartement situé rue Pichon, à l'organisation duquel collaborèrent également M. et Mlles Verling. Le service médical fut confié à des médecins militaires.

Ce fut, enfin, le concours de Mme la Supérieure générale de la Congrégation des Sœurs de Saint-Charles, qui ouvrit dans une dépendance de sa Maison mère une ambulance de 80 lits. Non contente d'avoir réparti toutes ses sœurs dans nos hôpitaux et dans certaines formations sanitaires de la ville, Mme la supérieure générale Sœur Alexandrine Pierrard voulut, en effet, se consacrer, avec Mmes les assistantes générales Sœur Augustine Guillaume et Sœur Augusta Durupt, d'une façon plus personnelle encore à nos blessés, en leur ouvrant les portes de sa maison hospitalière pour les y soigner avec un religieux et maternel dévouement. Elle y fut aidée, au point de vue médical, par des médecins militaires et Mlle Joséphine Mondlange, externe des hôpitaux.

Toutes ces organisations avaient eu pour effet l'installation, par nos hospices et leurs annexes, de 2.080 lits militaires. Pendant que chacune d'elles s'organisait intérieurement, le directeur-économe, M. Brousse, et son chef de bureau de l'économat, M. Marcel Gauguery, aidés par un personnel extrêmement réduit, les dotaient de tout le matériel qui leur faisait défaut et qu'ils se procuraient par voie de réquisition qui avait été momentanément concédé à la Commission. Des stocks alimentaires de toutes sortes y furent en outre accumulés, de façon à mettre ces diverses formations à l'abri de la disette, en cas de troubles dans le fonctionnement des transports et de l'épuisement des approvisionnements de la ville. Une organisation administrative locale fut en outre improvisée dans chacune d'elles par la création de bureaux militaires, avec le concours volontaires de plusieurs de nos concitoyens, notamment de MM. Pierron, directeur d'assurances ; capitaine en disponibilité Wœlflin ; Casimir Schmitt, représentant de commerce; Gœtchy, direc-d'assurances, et abbé Masson, aumônier de l'Hôpital Villemin.

Nous avons parlé de la précieuse collaboration que la Commission reçut du corps des professeurs de la Faculté de Médecine et de certains médecins de la ville. Mais nous devons aussi relater au prix de quelles difficultés l'organisation des services médicaux fut créée et complétée par des concours étrangers à la localité. Cette question des plus importantes fut l'objet d'une étude approfondie.

Tous nos chefs de service en âge d'être mobilisés, tous nos professeurs agrégés, tous nos chefs de clinique, tous nos internes et externes en médecine, sauf deux ajournés et deux dames, avaient été touchés par la mobilisation. De plus, nos chefs de service non mobilisables avaient depuis longtemps pris des engagements vis-à-vis de la Société de Secours aux Blessés et de l'Union des Femmes de France, en vue d'assurer en cas de guerre la direction de leurs hôpitaux auxiliaires. Tel était le jour angoissant sous lequel se posait, à la déclaration de guerre, le problème médical.

La Commission, comme nous l'avons déjà écrit, en conféra avec M. le professeur Meyer, doyen de la Faculté de Médecine, qui, dans ces moments difficiles, apporta aussitôt son concours le plus dévoué. Il convoqua immédiatement tous ses collègues non mobilisés à une réunion à laquelle assista M. le vice-président Krug, représentant la Commission administrative. Bien qu'engagés déjà comme médecins-chefs de différentes formations, MM. les professeurs acceptèrent, avec leur dévouement habituel, d'assurer le fonctionnement des différents services créés, dont une répartition provisoire eut lieu séance tenante. On décida en outre de faire appel à la collaboration des médecins de la ville. C'est ainsi, comme nous l'avons déjà relaté, que M. le docteur Adam devint médecin-chef de l'Hôpital H. Maringer et que MM. les docteurs Gœpfer et Jules Sterne vinrent assister nos chefs de service à l'Hôpital civil. M. le doyen Meyer fut en outre chargé du recrutement du personnel médical secondaire (internes, externes, etc.), tâche très ardue en raison des vides faits par la mobilisation.

Ces premières dispositions n'avaient toutefois pas permis de rassurer la Commission administrative et nos professeurs. On s'était rapidement rendu compte que si tous les lits organisés étaient occupés, il serait matériellement impossible de répondre à tous les besoins. Cette crainte était également partagée par M. Guyot, président de la Société de Secours aux Blessés militaires, qui l'avait exprimée de son côté. Il fallait donc envisager des mesures radicales pour obvier à une situation qui fatalement, à un moment donné, pouvait devenir fort critique. Dans ce but, il fut décidé que des démarches seraient faites tant auprès des autorités militaires que de M. le Préfet, au nom des Hospices, de la Société de Secours aux Blessés et de la Faculté de Médecine. M. le doyen Meyer fut enfin chargé de solliciter de M. le Ministre de l'Instruction publique l'envoi à Nancy de 50 étudiants des Facultés de Paris ou de Lyon, pour remplir les fonctions d'internes et d'externes, en le priant de vouloir bien intervenir auprès de ses collègues de l'Intérieur et de la Guerre pour l'envoi également de 20 docteurs en vue de seconder nos chefs de service. La Société de Secours aux Blessés s'adressa de son côté à son Comité central de Paris pour lui signaler l'embarras dans lequel elle se trouvait à Nancy.

Toutes ces démarches ne furent pas vaines, car dès le 10 août, arrivèrent à Nancy plusieurs médecins et un certain nombre d'étudiants de la Faculté de Médecine de Paris. C'est ainsi que nous avons obtenu entre autres collaborations, celle si utile et si précieuse de M. Leveuf, prosecteur, qui remplit pendant plusieurs mois à l'Hôpital civil les fonctions de chirurgien-résidant, et de M. Frucht, sujet russe, interne des Hôpitaux de Paris.

La Commission trouva encore un concours des plus dévoués auprès des chirurgiens-dentistes de Nancy, et notamment de MM. Mériam, Skosowsky, Guidon et Martin-Douyat.

Dès la déclaration de guerre, la Commission dut encore s'assurer une importante provision de sérum antitétanique et rencontra pour cela, malgré l'active intervention de M. le professeur Macé, directeur à Nancy de l'Institut sérothérapique, de sérieuses difficultés, en raison de l'épuisement des stocks de l'Institut Pasteur.

Enfin, en réponse à un appel qu'elle avait lancé, la Commission administrative vit affluer de toutes parts les dons généreux de nos concitoyens (vêtements, béquilles, objets de pansements, etc.).

Un tailleur de Nancy, M. Arnould-Masson, vint organiser généreusement à l'Hôpital civil, avec des ouvriers tailleurs volontaires, cinq ouvroirs pour raccommoder les effets des blessés et des malades.

Plusieurs personnes nous offrirent leur voiture automobile pour le transport des blessés, notamment M. Rollin, entrepreneur de fumisterie ; M. Schoumacker, administrateur-directeur de la Société des Docks de l'Alimentation, et plus particulièrement encore M. Maeder, administrateur-directeur de la Société des Constructions Electriques du quai de la Bataille, qui vint en personne apporter son concours aux installations créées par la Commission administrative.

Ajoutons ici que, dès les premiers jours du mois d'août, M. Léon Mirman, directeur de l'Assistance et de l'Hygiène publiques au ministère de l'Intérieur, étant venu remplacer comme préfet de Nancy, M. Reboul, dont l'état de santé était ébranlé depuis longtemps déjà, réserva à l'Hôpital civil une de ses premières visites. M. le président Krug lui ayant exposé l'effort fait par la Commission administrative avec le concours de la Faculté de Médecine, M. Léon Mirman s'en montra très satisfait et assura la Commission de son appui le plus bienveillant et le plus entier, en toutes circonstances.

Le 10 août, notre organisation de guerre était ainsi terminée et la Commission en informait M. le médecin-inspecteur Sieur, directeur du Service de Santé du 20ᵉ corps d'armée.

Pendant les batailles du Grand-Couronné

Dès la période de tension diplomatique de fin juillet, Nancy avait vu successivement partir en tenue de campagne, pour une destination alors inconnue, ses beaux régiments dont elle était si fière ! Ils étaient allés former à la frontière lorraine le rempart d'acier qui devait permettre à la mobilisation de s'effectuer méthodiquement. Les réserves du 20ᵉ corps appelées le 31 juillet, par anticipation à la mobilisation générale, trouvèrent de ce fait les casernes prêtes à les recevoir. Deux jours plus tard, elles quittaient à leur tour Nancy pour rejoindre au poste d'honneur les régiments de l'armée active qui les avaient devancées.

Puis la mobilisation générale ayant appelé la France entière sous les armes, on vit arriver et défiler dans notre ville les troupes du 9ᵉ corps, celles des 15ᵉ et 18ᵉ et encore de combien d'autres unités. Qui ne se souvient des scènes émouvantes d'enthousiasme patriotique que le passage de ces troupes suscitait à Nancy ! Ces braves soldats, répondant à l'appel de la Nation, partaient gaiement au combat, fiers d'aller défendre leur Pays ! A leur passage, la population les couvrait de fleurs, leur distribuait du tabac, des gâteaux, des bonbons, et leur donnait à boire.

La guerre déclarée, nous ne vîmes arriver les premiers blessés que le 16 août. Nos troupes, en effet, dans l'ivresse d'un ardent patriotisme, avaient tout d'abord pris leur marche en avant. Elles avaient mis le pied sur le sol sacré de notre Lorraine et de notre Alsace annexées et, pour les arracher à leurs oppresseurs, s'étaient bravement portées à leur conquête !

Malheureusement, les déboires que devant un ennemi supérieur en nombre les armées belges et françaises subirent dans le Nord, eurent rapidement leur répercussion sur notre front. L'ennemi, en effet, arrêta nos troupes sur des positions de longue date organisées et passa à l'attaque.

Ce fut alors la retraite de Morhange et le repli de nos armées de Lorraine sur le Grand-Couronné. Le spectacle pénible de la retraite se fit sentir jusque dans les faubourgs de la ville, où nous vîmes arriver les ambulances, le train des équipages, le service des subsistances, etc.

Un autre spectacle non moins attristant s'offrit à nos yeux. Sous la menace du canon, devant l'incendie criminel de leurs villages et de leurs biens, nos malheureux compatriotes des villages lorrains s'enfuyaient vers notre ville pour y trouver un refuge. Pressés par l'approche de l'ennemi, ils avaient dû quitter la terre natale, emportant quelques paquets faits à la hâte, traînant leurs enfants derrière eux, portant dans leurs bras les plus petits. Ils arrivaient à Nancy exténués de fatigue, excitant la plus profonde compassion. C'est alors que se forma immédiatement pour les recevoir et s'occuper d'eux, avec le concours des personnalités nancéiennes, un comité dont la présidence fut confiée à notre collègue, M. Albert Jambois.

La Commission administrative dut à cette époque se priver d'un de ses membres actifs. Le maire de Nancy, M. Laurent, ayant rejoint son poste aux armées, un de ses adjoints, M. Gustave Simon, administrateur des Hospices, fut appelé par la confiance de ses collègues au Conseil municipal à la première magistrature de la Cité. Au sein de la

Commission, il fut remplacé par M. Stéphane François, qui, quelques années auparavant, en avait déjà fait partie. Nous étions alors dans la seconde quinzaine du mois d'août et le général de Castelnau, qui avait reçu le commandement de nos armées de Lorraine avait décidé d'arrêter son repli sur les positions du Grand-Couronné ; puis, à son tour, avait accepté le combat. C'est à ce moment que commencèrent les batailles qui couvrirent Nancy, et qu'arrivèrent nos premiers grands blessés.

La Commission administrative, dans une innovation heureuse, avait aménagé la salle de jour des convalescents de l'Hôpital civil en salle de réception des blessés et de premier pansement. Cinq tables d'opérations y avaient été installées, tandis que tout autour des cloisons vitrées, des tables avaient reçu tous les objets de pansements et les instruments de chirurgie nécessaires. Cette salle où se faisait le triage et se donnaient les premiers soins rendit les plus grands services. Grâce à elle, jamais un blessé n'est entré directement dans nos grandes salles d'opérations, qui ont ainsi pu être réservées aux opérations proprement dites, sans encombrement ni contamination.

Pendant les journées héroïques des batailles du Grand-Couronné, nos hôpitaux ont vécu des instants tragiques : les blessés arrivaient par 400 et 500 par jour, au point que nos formations et celles des Sociétés de la Croix-Rouge ne savaient où les loger. Il fallait de tous côtés faire des prodiges de dévouement pour faire face à la situation. Dans l'encombrement où nous nous trouvions, nous devions parfois coucher les blessés sous les galeries et sur les pelouses des jardins, en attendant de pouvoir les nettoyer, les panser et les coucher. Le Service de Santé nous faisait alors procéder quotidiennement à l'évacuation de tous les hospitalisés transportables dès qu'ils étaient pansés et un peu réconfortés. Au cours d'un de ces transferts il ne fut pas évacué moins de 1.300 blessés.

Pendant ces heures de douloureuse angoisse, parmi cette foule de soldats, tous assez gravement atteints, dont beaucoup, hélas ! mourraient quelques jours après leur arrivée, jamais nous n'entendîmes ni un cri ni un mot de regret.

C'était un spectacle bien touchant que de voir avec quel dévouement nos sœurs de Saint-Charles et nos infirmières volontaires soignaient ces braves poilus au fur et à mesure qu'ils arrivaient. Nous voyons encore toutes ces jeunes filles qui, jusqu'alors, n'avaient connu de la vie que le côté riant, qui, appartenant aux familles les plus aisées de Nancy, avaient été elles-mêmes gâtées par leurs parents et soignées par leurs domestiques, se faire volontairement les humbles servantes de nos héros, parcourant les files de brancards, distribuant avec leur aimable sourire la nourriture et les encouragements, puis d'autres défaire les chaussures boueuses et laver délicatement les pauvres pieds endoloris ! Nous insistons sur ce tableau parce qu'il fut admirable ; parce que nous pouvons affirmer hautement que le dévouement de la femme lorraine fut à la hauteur des services que le pays pouvait attendre d'elle. Tout le monde, dans nos hôpitaux, a, fait son devoir pendant cette période critique où nous pouvions nous attendre à être envahis d'une minute à l'autre. Bien que nous ayons souvent reçu de très décourageantes nouvelles, nous pouvons pourtant dire, non sans fierté, que jamais, dans notre personnel, nous n'avons eu une seule défaillance à déplorer. Chacun a donné ses services dans la mesure de ses forces et de ses capacités. Il n'est pas possible de citer tout le monde ici, mais nous croirions manquer à notre devoir si nous ne citions pas le nom de Celle qui pendant toute cette époque troublée fut l'âme veillante et agissante de nos hôpitaux, la bonne fée qui pensait à tout, qui pour tous, soldats ou civils, avait toujours à la bouche la parole qui encourage et qui console. Nous avons nommé Mme Ursule Barrot, en religion Sœur Louise, supérieure de l'Hôpital civil.

Le dévouement de nos professeurs, celui de nos médecins volontaires, de nos internes et de nos externes, ne fut pas moins grand. Nous ne pouvons dire qu'une chose : c'est qu'il fut digne des plus grands éloges. Chacun donna ses soins à nos blessés avec une haute conscience professionnelle.

Nos professeurs se sont, au cours de ces moments tragiques, montrés les dignes maîtres de la Faculté de Médecine dont ils maintiennent noblement le renom.

Malgré, en effet, le service écrasant qu'ils assuraient dans nos hôpitaux, nos chefs de service remplissaient encore, ainsi que nous l'avons déjà écrit, des fonctions importantes dans les formations de la Croix-Rouge. C'est ainsi que M. le doyen honoraire Gross, malgré son âge, soignait à l'ambulance de l'Ecole professionnelle, à laquelle furent également attachés MM. les professeurs Haushalter et Simon ; que M. le professeur Vautrin soignait comme médecin-chef à sa clinique de la rue Sainte-Marie et à l'ambulance des Beaux-Arts ; que M. le professeur Etienne soignait comme médecin-chef à l'ambulance du Bon-Pasteur, à laquelle était attaché aussi comme chirurgien-chef M. le professeur agrégé Gaston Michel. Volontairement nous ne parlons pas de M. le professeur Weiss, et de MM. les agrégés Sencert, Jacques, André, Frœlich, Louis Spillmann, Binet, Jacques Parisot, Perrin et Richon, qui avaient été mobilisés.

Nos secrétaires, nos aumôniers (MM. les abbés Dédenon, Jérôme, Bernhard et Masson), nos infirmiers, nos infirmières et nos employés de toutes catégories donnèrent également la note la plus belle de la conception du devoir.

MM. les pasteurs Cleisz et Durand, chargés, dans nos établissements, du culte protestant, et M. le grand-rabbin Bloch, chargé du culte israëlite, fréquentèrent avec assiduité nos salles de blessés, apportant à leurs coreligionnaires le réconfort de leurs bonnes paroles.

Pendant ce temps, sous la mitraille, nos vaillants défenseurs disputaient pas à pas à l'ennemi notre sol lorrain. Les batailles se poursuivaient avec rage devant Nancy avec, pour notre armée, des alternatives d'avance et de recul. Parfois les bruits les plus contradictoires circulaient. Tels blessés ayant vu les troupes de leur secteur en bonne position rapportaient de la bataille une impression favorable. Tels autres, s'étant trouvés dans un secteur moins avantagé, rapportaient l'impression contraire. Certaines personnes de la population civile colportaient aussi, de bonne foi sans aucun doute, quelques bruits totalement erronés. Selon les unes, les Allemands étaient déjà à Dieulouard et à Dombasle ; selon les autres, une avant-garde de uhlans était parvenue à Art-sur-Meurthe.

A toutes les journées terribles vécues jusque-là, allaient succéder d'autres plus angoissantes encore, et plus particulièrement celles des 22 et 23 août. L'ennemi, en effet, envoyait sur nos troupes une véritable rafale de fer et de feu, et recevait sans arrêt des renforts, ne négligeant rien pour arriver à Nancy, enjeu de la bataille.

Malgré la vaillance de nos soldats et toute la confiance qu'il plaçait en eux, le général de Castelnau avait dû toutefois prendre certaines dispositions en vue d'une retraite éventuelle.

C'est alors que nous vîmes évacuer nos gares de Nancy et de Jarville ; les bateaux du port Saint-Georges reçurent l'ordre de reculer sous les forts de Toul ; les avions du parc de Villers et les dépôts d'automobiles quittèrent Nancy et le service des postes se replia.

Nous devons relater ici un incident — non des moins regrettables — qui se produisit dans la nuit du 22 au 23 août dans deux de nos hôpitaux.

Le Service de Santé avait adjoint à nos chefs de service plusieurs jeunes médecins militaires appartenant au ...ᵉ corps d'armée, arrivé dans la région. Nous croyions pouvoir compter sur leur concours assidu quand, au cours de la nuit que nous venons de citer, ces messieurs, affolés sans doute par la crainte de l'invasion ennemie, vinrent en hâte, entre minuit et deux heures du matin, aux hôpitaux auxquels ils étaient affectés (l'hôpital Marin et celui de l'ancien Grand-Séminaire), pour faire évacuer tous les malades. Ils tinrent un tel langage au personnel de ces formations que ce dernier crut à l'approche soudaine des Allemands, et être devant une mesure d'évacuation ordonnée. Sans même prévenir le médecin-chef, M. le professeur Pierre Parisot, ils emmenèrent jusqu'à une gare voisine nos pauvres poilus, les uns à pied, les autres en tramways, qu'ils avaient réquisitionnés pour la circonstance. Quand nous apprîmes ce qui venait de se passer, nous ne sûmes à quoi attribuer cette mesure, attendu que nous n'avions reçu aucun ordre d'évacuation pour nos hôpitaux. Le canon tonnait avec rage et nous n'avions pas plus de nouvelles de la bataille que nous n'avions reçu d'instructions de la Place de Nancy. Toute la nuit se passa ainsi dans l'inquiétude et la perplexité, et. ce n'est qu'au matin que nous pûmes nous rendre compte que les mesurès prises la nuit par nos médecins majors ne résultaient nullement d'ordres reçus, mais d'un pur affolement. Le fait n'eût été que comique si malheureusement, parmi ces pauvres soldats, il ne s'en était trouvé un certain nombre de très gravement malades, auxquels ce déménagement nocturne dut être fatal. Nous n'insistons pas davantage sur ce déplorable incident, mais ajoutons cependant que, dès le lendemain matin, la Commission administrative, estimant qu'elle ne pouvait encourir la responsabilité d'actes aussi regrettables, adressa une lettre de protestation à M. le Préfet de Meurthe-et-Moselle. Une enquête fut ordonnée par l'autorité militaire. Quelles sanctions amena-t-elle ? Nous ne les sûmes jamais ! Au bout de quelques jours, nos médecins majors revinrent prendre possession de leur poste ; mais, hélas ! ce ne fut que pour une très courte apparition, puisque le lendemain du bombardement de la nuit du 9 au 10 septembre, que nous allons relater, ils disparurent de nouveau !

Pendant les journées qui suivirent, les combats continuèrent avec violence.

La journée du 4 septembre fut marquée par un événement douloureux jusqu'alors inconnu. Nancy reçut le baptême du feu. Les Boches vinrent, en effet, par avion, vers midi et demi, jeter des bombes sur la place de la Cathédrale, faisant 2 tués et 6 blessés. Nous ne nous doutions pas alors que ce premier attentat criminel n'était pour Nancy que le prélude de quatre années et demie de dures épreuves !

Au cours des premiers jours de septembre, la lutte atteint son maximum de développement et d'intensité. Le Kaiser, paraît-il, était à la frontière, regardant se dérouler la bataille et attendant que ses troupes lui eussent ouvert une brèche pour faire à Nancy son entrée triomphale. Erreur grossière; le Kaiser avait sous-estimé la valeur de nos soldats ! Malgré l'acharnement. de l'ennemi, le général de Castelnau et ses poilus tenaient bon, Amance ne cédait pas !

Ivres de rage, les Boches usèrent alors d'un stratagème aussi déloyal que perfide. Sollicitant, pour enterrer leurs morts, un armistice de vingt-quatre heures qui leur fut

accordé, ils en profitèrent pour avancer rapidement deux
pièces de canons, l'une près de l'étang de Brin, l'autre près
de Réméréville. C'est de ces deux points que, dans la nuit du
9 au 10 septembre, ils envoyèrent 80 obus sur Nancy,
faisant 8 morts et 9 blessés. Qui de nous ne se souvient
de cette tragique soirée d'automne! Quand, vers 11 h. 1/2
du soir, commença le bombardement, un violent orage
venait d'éclater. Le sifflement et le craquement des obus se
mêlaient au roulement du tonnerre pendant que la pluie
tombait à torrent. On apercevait en outre à quelques kilomètres de là, dans la direction de Crévic, des rougeurs qui
s'élevaient; elles étaient le reflet d'incendies allumés par la
main sauvage des Boches.

Ce premier bombardement par canon nous surprit un
peu; mais, sans perdre un instant, nous descendîmes en
hâte tous nos blessés et nos malades dans les caves, ce qui
fut un énorme travail, en raison de l'encombrement de nos
hôpitaux. Le bombardement provoqua aussi plusieurs
incendies à Nancy, dont l'un d'eux éclairait nos pavillons en
façade de la rue de la Prairie, augmentant ainsi l'aspect
lugubre de cette nuit d'épouvante. Le calme étant revenu,
les blessés nous arrivèrent. Après les avoir pansés, nous les
fîmes coucher dans nos sous-sols, pour les mettre eux aussi
en sécurité, dans la crainte d'une reprise du bombardement.
A peine l'ennemi avait-il fini de tirer sur Nancy, alors que
nos pièces contrebattaient encore énergiquement les canons
boches qui nous avaient bombardés, tout notre personnel,
dans un bel élan d'insouciance peut-être un peu excessif,
était déjà dans nos cours pour voir si quelque obus n'avait
pas atteint tel ou tel coin de nos établissements. Vers
2 heures du matin, les rues regorgeaient de monde; tout
Nancy était sorti pour voir les dégâts et commenter l'événement. Personne cependant ne s'expliquait pourquoi et
comment nous avions été bombardés. L'ennemi avait-il
avancé? Avait-il allongé son tir au point de nous atteindre
avec quelque pièce dont nous ignorions encore la portée?
Chacun plaçait son mot et chacun interprétait à sa façon!
Nous fûmes cependant tranquillisés de bonne heure le matin,
quand le général Léon Durand, qui secondait le général de

Castelnau devant Nancy, eut adressé aux habitants sa fière et brève proclamation, dans laquelle il demandait à tous les Nancéiens de faire confiance à ses troupes !

Le bombardement eut pour résultat de faire ordonner, dès le 10 septembre, l'évacuation générale de presque tous les militaires en traitement dans les formations de la ville. Le Service de Santé tint, en effet, à mettre à l'abri de nouveaux bombardements, toujours possibles, tous les hospitalisés transportables. Nous évacuâmes ainsi sans arrêt, pendant toute la journée du 10 septembre, de 8 heures du matin à 6 heures du soir.

Enfin, après plus de trois semaines de batailles déroulées à nos portes, du succès desquelles dépendait le sort de notre ville, nous apprîmes un soir que le Boche lâchait pied ! Le 11 septembre, M. le préfet Mirman, informé de la victoire de la Marne, vint en effet à l'Hôpital civil, ainsi qu'il alla également dans toutes les formations principales de la Place, annoncer l'heureuse nouvelle et donner connaissance du fameux ordre du jour du général Joffre. Vaincu sur la Marne, comme sur le Grand-Couronné, l'ennemi battait en retraite sur toute la ligne. La France était sauvée et Nancy restait inviolée !

Il est impossible d'exprimer quel soulagement et quelle joie nous causa cette grande victoire de nos armées ! Derrière nos vaillants défenseurs, nous nous sentions désormais à l'abri de l'invasion !

***

Après les victoires de la Marne et du Grand-Couronné

A cette époque, commença pour notre front de Lorraine une assez longue période d'accalmie.

Il nous fallut alors songer à mettre au point notre organisation de guerre, créée hâtivement à la mobilisation et qui venait d'être mise durement à l'épreuve par les combats des semaines écoulées.

Le départ du 20ᵉ Corps pour la région du Nord et l'installation, à Troyes, de la Direction du Service de Santé de la 20ᵉ Région avaient provoqué la création, à Nancy, d'une chefferie de Place. Techniquement, nos hôpitaux restaient attachés à l'armée de Lorraine, qui prit vers cette époque la dénomination de D. A. L. (détachement d'armée de Lorraine); mais, administrativement, ils devaient dès lors relever de la Direction du Service de Santé de la 20ᵉ Région, par l'intermédiaire de la Chefferie de Nancy. Si anormale que puisse paraître cette situation, elle n'en exista pas moins, et il faut bien reconnaître qu'elle aurait pu présenter de sérieux inconvénients, s'il ne s'était trouvé, tant à la tête de l'armée qu'à celle de la région, des chefs militaires bienveillants qui surent apprécier à sa juste valeur notre collaboration et nous faciliter notre tâche. Au cours de l'année 1915, arriva notamment à Troyes un directeur particulièrement aimable et dévoué, M. le médecin-inspecteur Trifaud, avec lequel nous n'eûmes que d'excellents rapports et qui rendit à nos établissements de très importants services.

Nos relations avec la Chefferie de la Place de Nancy furent aussi faciles que celles que nous avions avec la Direction de Troyes. M. le médecin principal de 1ʳᵉ classe en retraite Dubujadoux, rappelé à l'activité, avait été nommé aux importantes fonctions de médecin-chef de Place. Peu après son installation, il reçut comme adjoint un Nancéien, M. le docteur Donnadieu, mobilisé comme médecin aide-major de 2ᵉ classe. Ces Messieurs ayant eu à créer leur chefferie de toute pièce, trouvèrent dans les hospices civils et les sociétés de la Croix-Rouge, l'aide matérielle et morale qui leur permit de mener à bien une tâche qui fut parfois très ardue. Si au début il se produisit entre eux et certaines formations quelques légers froissements, presque inévitables dans la création d'un service auquel devaient s'adapter tant d'organisations différentes, ces froissements ne furent que bien éphémères, et c'est à peine s'ils méritent d'être relatés, tant, par la suite, nos relations avec eux furent empreintes d'une courtoisie parfaite et d'une confiance mutuelle.

Après leur retraite de septembre, les Boches s'étant terrés, inaugurant la guerre de tranchée, il fallait songer à voir s'étendre la durée des hostilités au delà des prévisions premières et à s'organiser en conséquence, attendu que l'hiver approchait. La chaleur accablante qui avait sévi pendant l'été écoulé, jointe au surmenage du début de la campagne, avait épuisé bon nombre de nos poilus encore peu entraînés à d'aussi dures fatigues. Des épidémies de grippe, de rougeole, de scarlatine, de dysenterie, de fièvre typhoïde, etc., se déclarèrent et sévirent assez violemment sur tout notre front pendant l'hiver 1914-1915. C'est alors qu'on put apprécier comme il convenait le précieux secours qu'offrit l'hôpital Villemin. Avec le concours de quelques collaborateurs volontaires, de celui des dévouées sœurs de Saint-Charles et de quelques dames infirmières bénévoles, M. le professeur Haushalter y soigna avec une abnégation admirable une population de militaires contagieux, pour la plupart très gravement atteints, dont l'importance se maintint pendant plusieurs mois entre le chiffre de 390 et celui de 420. Travail surhumain, quand on songe aux multiples soins que réclame cette catégorie de malades !

De son côté, à l'hôpital Marin, M. le professeur Pierre Parisot, avec ses internes et le concours de Sœur Ferninand Burtin, ainsi que celui de ses compagnes et de quelques dames infirmières bénévoles, soigna avec un dévouement des plus méritoires les malades atteints de dysenterie ou de fièvre typhoïde. Il est impossible d'exposer ici tout le labeur qui, sans bruit, s'accomplit dans cette humble maison !

Pendant ce temps, l'Hôpital civil regorgeait de malades et de blessés de toutes sortes et était obligé de se donner de l'air en évacuant sur ses annexes de l'hôpital de l'ancien Grand-Séminaire, de l'hospice Saint-Julien, de la maison-mère des Sœurs de Saint-Charles et sur les petites ambulances de Mlle Mathilde Duré et de Mme et M. Paul Couillard.

Ayant dû, à l'approche de l'hiver, solliciter du Service de l'Intendance la mise à notre disposition d'un important stock de couvertures et couvre-pieds de l'armée pour compléter l'installation de nos lits militaires, nous reçûmes satisfaction immédiatement et pûmes ainsi, grâce aussi aux provisions de combustibles constituées dès le début de la guerre, faire face à l'hiver qui fut particulièrement froid. Nous ne nous étendrons pas ici sur la façon dont nous avons pu constituer ces stocks de charbon. Nous reviendrons sur cette question dans un chapitre spécial, où nous traiterons les difficultés économiques et financières rencontrées pendant la guerre.

Nous devons relater, par contre, qu'au cours de nos travaux quotidiens, nous avons souvent eu le plaisir de recevoir la visite de M. le préfet Mirman, ainsi que celle de Mme Mirman et de ses charmantes jeunes filles. Pendant les batailles du Grand-Couronné, Mme et M. Mirman ont tenu à apporter très souvent à nos blessés leurs félicitations et le réconfort de leurs bonnes paroles. Nous n'oublions pas tout spécialement avec quelle touchante attention ils vinrent un jour offrir des fleurs aux premiers officiers que nous reçûmes à la Pension Bon-Secours. Puis, par la suite, notre maison devint un peu la leur. Ce fut presque quotidiennement que Mme Mirman et ses filles venaient visiter nos blessés. Elles aimaient nos salles, s'y rendaient avec satisfaction, pour y faire des distributions de cigares, de bonbons, de chocolat, etc. Au cours de la guerre, aussitôt qu'une bonne nouvelle parvenait à la préfecture, de suite Mlle Lucette Mirman et ses sœurs accouraient pour nous l'annoncer. Aussi pouvons-nous dire, sans crainte d'être démentis, que par la grâce de leur jeunesse et leur exquise amabilité, elles avaient conquis dans nos établissements toutes les sympathies. Nous leur conservons, ainsi qu'à Mme et à M. Mirman, une très grande reconnaissance pour toutes leurs attentions à l'égard de nos blessés, pour l'intérêt qu'ils ont porté à nos hôpitaux et la grande confiance qu'ils nous ont personnellement témoignée. Nous tenons une fois de plus à la leur exprimer de tout cœur !

Si, toutefois, notre front s'était stabilisé, les Boches ne nous oubliaient pas pour cela. Vers la fin du mois de décembre 1914, leurs taubes commencèrent à venir avec une certaine fréquence. Le 22, ils nous gratifièrent de trois bombes faisant deux blessés, et revinrent le lendemain. Puis le 25, ils nous envoyèrent un zeppelin nous lancer 18 bombes, et ce fut encore un taube qui vint le 26 jeter des fléchettes, dont un certain nombre sur les cours de l'Hôpital civil. Presque chaque jour par la suite amena quelque alerte nouvelle !

Rappelons ici que le 12 novembre 1914, nous eûmes le regret de voir disparaître un de nos professeurs chefs de service, M. le docteur Zilgien, chargé à la Faculté des cours préparatoires de médecine. M. le professeur agrégé Zilgien était à ce titre médecin chef du service de médecine installé à l'hôpital H.-Maringer. Il venait à peine de prendre possession de ses fonctions dans cet établissement, en avril 1914, que la maladie à laquelle il succomba vint l'obliger à les interrompre et nous priver définitivement d'un concours aussi dévoué que compétent.

Les cinq premiers mois de guerre, au cours desquels les émotions de toutes sortes s'étaient succédées avec rapidité, avaient aussi fatigué tout le monde, mais les vieillards s'en étaient naturellement trouvés plus particulièrement affectés. Cet état de choses valut à nos hôpitaux de se voir priver de la collaboration de deux de nos religieuses de Saint-Charles attachées depuis de nombreuses années à l'hospice Saint-Stanislas. Usées par une longue vie de travail et de dévouement auprès de nos petits orphelins, Sœur Célina Georgeon décéda le 29 décembre 1914, et Sœur Thérèse Royer le 17 janvier 1915. Ces deux décès ajoutés à celui de M. le professeur Zilgien n'étaient que le prélude de beaucoup d'autres, bien trop nombreux, hélas ! dont nous aurons à nous entretenir au fur et à mesure que l'enchaînement des événements nous en fournira l'occasion. Déjà, peu après, nous eûmes à enregistrer un nouveau deuil, celui de Sœur Joseph Arnaud, supérieure de l'hospice Saint-Julien. Sœur Joseph était un administrateur remarquable, et d'un rare dévouement. Sa longue carrière à l'hospice Saint-Julien ne semblait pas encore devoir toucher à son terme, mais la mort d'un neveu, capitaine dans l'armée française, tombé au champ d'honneur près de Courbesseaux, avait eu, avec le surmenage des mois écoulés, raison de ses forces physiques. Après deux mois environ de maladie, elle succomba le 2 février 1915. La Congrégation des Sœurs de Saint-Charles perdit en elle une religieuse de très haute valeur et la Commission administrative une précieuse collaboratrice. Pour lui succéder, Mme la Supérieure générale voulut bien présenter à la Commission une religieuse de l'Hôpital civil, Sœur

UN GROUPE DE BLESSÉS MILITAIRES A L'HOPITAL CIVIL. (AOUT 1914)
Au centre : Sœur LOUISE, Supérieure de l'Hôpital civil. — A sa gauche : M. Léon MIRMAN. Préfet de Meurthe-et-Moselle

Marguerite Daval, que vingt années d'affectation au service d'ophtalmologie avaient préparée aux importantes fonctions que désormais elle devait remplir.

Pendant l'hiver 1914-1915, presque tous les dimanches la Municipalité et M. le Préfet, firent donner, avec le concours d'artistes volontaires, des séances récréatives à la Salle Poirel. Chaque formation sanitaire de la ville y avait un nombre de places réservées qu'elle attribuait à certains de ses blessés les plus valides. Mais beaucoup ne pouvaient profiter de ces spectacles : les uns parce que trop impotents, les autres faute de place. Pour obvier à cet inconvénient, certaines formations organisèrent dans leurs propres locaux, avec les éléments qu'elles trouvèrent parmi leurs blessés convalescents, de petites représentations fort intéressantes. Nos hôpitaux et nos annexes voulurent participer à cette heureuse innovation, et c'est ainsi que chaque dimanche, pendant la mauvaise saison, Mlle Gabrielle Olivier organisa une séance récréative à l'hôpital de l'ancien Grand-Séminaire, et Mme et M. Paul Couillard à leur ambulance de la rue Pichon. A l'Hôpital civil, Mme Mirman et sa fille aînée, Mlle Lucette Mirman, voulurent bien faire donner un jour, avec le concours de M. Ludovic Bonnaud et de quelques autres artistes de Paris, une représentation dont le succès fut digne du talent avec lequel elle avait été préparée !

Dès le début de l'année 1915, le Gouvernement, en accord avec le Parlement, ayant institué une Commission interparlementaire d'inspection des formations sanitaires, le président de cette commission, M. Barthou, député et ancien ministre, vint à ce titre en février 1915 à Nancy. A cette occasion, il fut amené à visiter notre hôpital Villemin, qui, à cette époque, était bondé de militaires contagieux.

Bien que notre front de Lorraine ait été exempt d'opérations depuis la fin des batailles du Grand-Couronné, par ci par là, néanmoins, quelques coups de main étaient tentés à titre de sondage, tantôt par nos troupes et tantôt par l'ennemi. En février 1915 notamment, une attaque d'une certaine importance fut déclanchée par les Boches contre nos positions du signal de Xon et celles de Norroy. Au prix de sacrifices assez importants, l'ennemi fit une légère avance, mais la vaillance de nos soldats eut tôt fait de paralyser son effort. Nous reçûmes alors les blessés de cet engagement, qui étaient de braves poilus du 9ᵉ corps, appartenant plus particulièrement aux 232ᵉ, 277ᵉ, et 235ᵉ régiments d'infanterie, ainsi qu'au 314ᵉ régiment d'artillerie.

Cette recrudescence d'activité fut d'ailleurs de très courte durée, car au bout de quelques jours le calme était de nouveau revenu sur notre front.

Après l'attaque des positions du signal de Xon et celles de Norroy
Création des centres de spécialités de la 20ᵉ Région
Création de l'École des Mutilés et Réformés de la guerre
(De février à fin décembre de l'année 1915)

Depuis le début de la guerre, nos hôpitaux avaient mis à la disposition de l'armée le maximum de leurs moyens d'action. Les entrées des malades civils, peu nombreuses d'ailleurs en raison de la mobilisation, avaient été réduites aux seules obligations d'assistance de nos établissements hospitaliers. On avait plus particulièrement évité de recevoir les malades des départements voisins qui, en temps de paix, venaient couramment faire appel à la science de nos professeurs de la Faculté de Médecine.

Cependant, si on pouvait continuer pendant la guerre à ne pas recevoir les malades étrangers à notre département, il fallait par contre songer à concilier dans notre organisation nos devoirs envers les braves soldats qui défendaient Nancy et la Lorraine et ceux que nous avions vis-à-vis des populations civiles de notre région. Au surplus, l'espoir d'une fin rapide de la guerre commençant à disparaître, il fallait s'organiser pratiquement pour une période qui pouvait être longue.

Après les batailles du Grand-Couronné, la Commission administrative se rendant déjà compte qu'elle pouvait, tout au moins momentanément, rendre à l'hospice Saint-Julien sa destination complète d'hospice de vieillards et d'incurables, avait fermé la petite annexe que dès la mobilisation elle avait installée dans cet établissement.

Par suite de la stabilité du front, et d'accord avec le Service de Santé, la Commission remercia quelques mois plus tard de son précieux concours, Mlle Mathilde Duré, dont l'ambulance fut fermée le 10 mars 1915; puis Mme et M. Paul Couillard qui nous cessèrent leur collaboration le 15 mai suivant.

Antérieurement, le 1er février, une importante mutation avait aussi été effectuée à l'Hôpital civil dans la direction de deux services médicaux. M. le doyen honoraire Gross, atteint par la limite d'âge, fut remplacé dans sa chaire de clinique chirurgicale par M. le professeur Vautrin qui de ce fait prit en mains le service assuré précédemment par M. le docteur Gross. Par contre, la Commission offrit à M. le Doyen honoraire, qui l'accepta, d'assurer jusqu'à la fin de la guerre le service de chirurgie générale créé au mois d'août précédent au pavillon des enfants par M. le professeur Vautrin.

Le commerce et l'industrie dont l'essor avait été paralysé par les débuts de la guerre, commencèrent à cette époque à reprendre de leur ancienne activité. La guerre durant en effet au delà de ce que l'on avait tout d'abord pensé, il fallait maintenir au pays la plus grande vitalité économique possible. Un certain nombre de dames et de jeunes filles qui, dès le début des hostilités, n'avaient pas hésité à tout abandonner pour nous prêter leur concours, ne voyant plus la nécessité de leur présence continuelle dans nos hôpitaux, nous demandèrent alors à se retirer tout en restant à notre entière disposition au premier appel, si les circonstances venaient à nouveau à l'exiger.

La guerre venait, d'autre part, de créer pour le Service de Santé de l'armée des obligations nouvelles. Si ses services organisés offraient la possibilité de donner aux blessés le maximum de soins, ils ne permettaient pas cependant dans certains cas de les leur donner avec le maximum de garanties. C'est en raison de cette importante considération que le Sous-Secrétariat d'Etat au Service de Santé militaire prit l'initiative d'installer dans chaque région des centres de spécialités.

Dans la 20ᵉ région, nos hôpitaux apparurent comme tout désignés pour cette organisation difficile et complexe. C'est ainsi qu'à l'Hôpital civil furent créés : le centre d'otorhinolaryngologie, avec le concours de M. le professeur agrégé Jacques, qui, parti aux armées, fut rappelé pour en assurer le fonctionnement ; celui d'urologie, avec le concours de M. le professeur agrégé Gaston Michel, qui reçut plus tard la collaboration de M. le professeur agrégé Ancel, mobilisé comme médecin-major de 1ʳᵉ classe, M. le professeur agrégé André, titulaire régulier du service, étant attaché à l'état-major de M. le général Foch ; celui d'ophtalmologie, avec le concours tout d'abord de M. le professeur Rohmer, puis ensuite de M. le médecin major de 2ᵉ classe Dor ; celui de prothèse maxillo-faciale, avec le concours de M. le doyen honoraire Gross qui voulut bien encore en accepter la charge et qui obtint la collaboration de M. le docteur Rosenthal, directeur de l'École dentaire, et de son chef de travaux, M. Blanc, tous les deux mobilisés ; celui de radiographie et d'électrothérapie, avec le concours de M. le professeur agrégé Guilloz, assisté de son chef de travaux, M. le docteur Lamy, mobilisé comme médecin aide-major de 1ʳᵉ classe, et d'un pharmacien de Nancy, M. Thomas, mobilisé comme pharmacien aide-major de 1ʳᵉ classe ; enfin, celui d'orthopédie et de mécanothérapie, avec le concours de M. le professeur agrégé Frœlich, mobilisé comme médecin major de 1ʳᵉ classe. L'hôpital de l'ancien Grand-Séminaire fut, à cette époque, destiné à recevoir pendant un certain temps des malades du centre d'orthopédie et de mécanothérapie, et un certain nombre d'autres hospitalisés du centre d'électrothérapie. Un peu plus tard, le centre de réforme y fut installé pendant quelques mois. De son côté, à l'annexe de la maison-mère de la Congrégation des Sœurs de Saint-Charles, Mᵐᵉ la Supérieure générale, voulut bien recevoir la majeure partie des malades du centre de prothèse maxillo-faciale. A l'hôpital Maringer, on organisa un service de maladies vénériennes et d'affections de la peau, qui fonctionna tout d'abord avec la collaboration d'un médecin militaire, M. le médecin-aide-major de 1ʳᵉ classe Bosc, puis d'un médecin de Paris, mobilisé, qui fut particulièrement dévoué, M. le médecin aide-major de 1re classe Pignot. Plus tard, transformé en centre, ce service fut placé sous la direction médicale de M. le professeur agrégé Louis Spillmann, assisté de son chef de clinique, M. le docteur Watrin, rappelés tous les deux des armées et mobilisés le premier comme médecin major de 1re classe, le second comme médecin aide-major de 1re classe. Ainsi, presque tous nos professeurs revinrent dans nos hôpitaux prendre, au titre militaire, le service de spécialité qu'en temps de paix ils assuraient au titre civil.

Pour la tenue de la comptabilité spéciale des centres, la Direction du Service de Santé installa dans notre hôpital central un officier d'administration qui n'intervint par contre en aucune façon dans la gestion des hospices. Ce fut d'abord M. l'officier d'administration de 3e classe Clément, puis M. l'officier d'administration de 2e classe Grosjean, et enfin M. l'officier d'administration de 1re classe Simon, dont la durée de la collaboration fut beaucoup plus longue que celle de ses prédécesseurs.

Enfin, le Service de Santé nous demanda de mettre à sa disposition, pendant un après-midi chaque semaine, la salle de conférence du service d'ophtalmologie, pour y convoquer tous les mercredis, en réunion, nos chefs de service et les médecins militaires de la Place. La Commission accéda volontiers à ce désir et devint, avec toutes ces organisations, le centre principal d'action du Service de Santé de Nancy et même de la 20e région.

Avant d'accepter la création de tous ces différents centres qui laissaient subsister nos services de chirurgie et de médecine générales dans leur entier, la Commission avait tenu à s'assurer, pour autant qu'il serait nécessaire, le concours financier de l'État. Dans ce but, elle avait envisagé de voir nos hôpitaux reprendre leur autonomie complète en cessant d'être affiliés à la Société de Secours aux blessés, ce que le président, M. Guyot, et le délégué régional, M. Ambroise, comprirent d'autant mieux qu'ils n'avaient accepté l'affiliation de nos hôpitaux au début de la guerre que pour leur permettre d'offrir leurs services au Service de Santé militaire dans la forme où il pouvait les accepter. Nous leur en restons d'ailleurs très reconnaissants et nous pouvons ajouter que nos rapports avec ces Messieurs ont toujours été empreints de la courtoisie qui s'imposait à des organisations travaillant pour un même idéal et un même but.

Pour donner à nos établissements la possibilité d'être remboursés intégralement des sommes que leur coûtait l'hospitalisation des militaires, la Commission administrative avait donc pensé revendiquer du Service de Santé la passation d'une convention qui, tout en liant à lui nos hôpitaux le temps qu'il serait nécessaire, leur permettrait de conserver leur caractère civil. Cette situation était d'ailleurs parfaitement prévue par la loi du 7 juillet 1879. Il ne s'agissait que de trouver auprès de l'autorité militaire le terrain d'entente favorable à l'adoption de cette solution. Ce fut pour nous chose assez facile, car nous rencontrâmes auprès du Directeur du Service de Santé de la 20e Région un appui extrêmement bienveillant. D'autre part, M. le docteur Schmitt, conseiller municipal de Nancy, mobilisé comme médecin major de 2e classe, venait d'être adjoint au médecin-inspecteur-directeur. Il connaissait l'importance de l'effort que nous avions déjà fait et n'ignorait pas, au surplus, toutes les ressources que pouvait trouver dans nos hôpitaux le Service de Santé de l'armée. Son concours nous fut donc immédiatement acquis, et nous pouvons dire qu'il sut à merveille concilier les intérêts que ses fonctions d'alors lui faisaient une obligation de sauvegarder et ceux de nos établissements hospitaliers. Par son entremise, le projet de convention que nous proposions fut accepté par le Médecin-Directeur. Nous n'avons pas oublié les multiples services que nous a rendus M. le docteur Schmitt pendant le temps de sa présence à la Direction du Service de Santé de la 20e Région, services pour lesquels notre gratitude lui est acquise. Grâce à lui aussi, nous avons pu conquérir les sympathies, qui nous furent si utiles, du Directeur qui arriva peu après à Troyes, M. le médecin-inspecteur Trifaud, dont nous avons déjà parlé.

Élaboré le 31 mai 1915, notre projet de convention adressé à la Direction de Troyes quelques jours après, était transmis par elle sans retard, avec un avis des plus favorables, à M. le Sous-Secrétaire d'État au Service de Santé militaire qui, avec M. le Ministre de l'Intérieur, y donnait, le 4 août suivant, son entière approbation. Nous étions désormais attachés pour la durée de la guerre, sous une forme régulière, au Service de Santé, tout en conservant la plénitude de nos droits et de nos attributions civiles. Nous rentrions, comme classification, dans les hôpitaux civils proprement dits, liés à l'armée par une convention spéciale. C'est donc par erreur que la rumeur publique attribua à nos hôpitaux la dénomination d'hôpitaux militarisés. Dans un chapitre spécial, où nous traiterons toutes les questions relatives aux difficultés économiques et financières rencontrées pendant la guerre, nous exposerons les avantages qu'a présentés pour nous la passation de cette convention, et nous relaterons les services que l'armée nous rendit en échange de notre collaboration qu'elle sut apprécier à sa juste valeur.

Si la guerre avait créé pour le Service de Santé des obligations vis-à-vis des combattants, elle en avait aussi créé vis-à-vis de ces derniers pour tous les citoyens français que leur âge et leur situation spéciale maintenaient en arrière du front. De tous les problèmes que la guerre souleva, celui de l'assistance par le travail aux mutilés et réformés ne fut pas un des moindres. Nancy devait encore prendre là une de ces initiatives qui, de longue date, l'ont placée déjà parmi les premières villes de France, que ce soit dans le domaine de la science ou de l'art, ou dans celui des généreuses entreprises sociales et de la bienfaisance proprement dite.

Si l'État avait contracté une dette sacrée envers ses Morts, qui lui imposait notamment de prendre sous sa protection les veuves et les orphelins, il avait aussi à s'acquitter d'une dette de reconnaissance envers tous les anciens militaires que la guerre avait privés partiellement ou totalement de leurs membres.

Le Gouvernement et le Parlement ne faillirent pas à cette noble tâche. Ils accordèrent des pensions aux uns et aux autres et voulurent que chaque mutilé pût se refaire dans l'existence une situation sociale, en rendant ainsi à la vie économique du pays le maximum de ses moyens d'action. C'est alors que de tous côtés se créèrent en France des écoles de rééducation professionnelle par le travail des invalides de la guerre.

Mais bien avant l'intervention de l'État, Nancy avait déjà songé à cette grande et belle œuvre. Sur l'initiative de M. le docteur Gaston Michel, professeur agrégé à la Faculté de Médecine, certaines personnalités nancéiennes avaient conçu le noble projet de former une association dont l'action d'assistance aux mutilés et réformés devait s'étendre à tous les départements de la Lorraine française. A la tête de cette association se placèrent tout d'abord M. Jean Buffet, ancien inspecteur des Finances, président du Conseil d'administration de la Société Nancéienne de Crédit Industriel et de Dépôts; M. Philippe Houot, notaire; M. Henri Brun, président de la Société Industrielle de l'Est; MM. les docteurs Gaston Michel et Frœlich, professeurs agrégés à la Faculté de Médecine de Nancy; ainsi que M. Sépulchre, secrétaire général de la Société Nancéienne de Crédit Industriel et de Dépôts. Un appel adressé à tous nos compatriotes lorrains fit immédiatement affluer les subsides financiers.

Il fallut alors procéder à l'organisation de l'œuvre à laquelle ces Messieurs désiraient se consacrer.

La tâche était difficile; aucune expérience de ce genre n'avait encore été tentée en France.

Sans perdre de vue l'assistance matérielle et financière que l'Association pourrait accorder à domicile aux mutilés, le Comité pensa entreprendre la rééducation de ceux auxquels les infirmités nouvelles ne permettaient plus de reprendre leur ancienne profession. La création d'une école à Nancy fut donc décidée, mais il fallait lui trouver un emplacement et en régler les dispositions d'édification.

Le Comité songea de suite à s'adresser aux hospices civils de Nancy.

Il rencontra dans la Commission administrative une collaboration qui, pour une œuvre d'un tel caractère philanthropique et social, ne pouvait lui faire défaut. Après quelques échanges de vue, on décida que la construction serait édifiée sur un emplacement choisi à l'hôpital H.-Maringer.

Les membres de l'Association lorraine et la Commission administrative se mirent ensuite d'accord sur les conditions du fonctionnement technique, administratif et économique de la future école. Aux termes d'une convention passée entre l'Association Lorraine et la Commission des hospices, il fut arrêté que l'Association aurait la direction administrative et technique de l'école et que moyennant certains prix de pension convenus, les hospices se chargeraient de loger, nourrir et éventuellement soigner les élèves. Il fut enfin décidé qu'après fermeture de l'école, une fois la rééducation terminée, les bâtiments construits par l'Association Lorraine sur le territoire de l'hôpital H.-Maringer deviendraient la propriété exclusive des hospices civils de Nancy.

Le Comité de l'Association Lorraine qui s'était entre temps déjà complété par l'entrée dans son sein de MM. Lederlin, industriel, président du Conseil général des Vosges, et Peters, industriel, représentant le département des Vosges ; de MM. Grosdidier, sénateur de la Meuse, et Ulrich, président de la Chambre de Commerce de Bar-le-Duc, représentant le département de la Meuse ; de MM. Perrin, maître de forges à Joinville, et Marcellot, maître de forges à Eurville, représentant le département de la Haute-Marne, fut encore étendu.

Le Comité demanda à M. Alfred Krug, vice-président de la Commission administrative des hospices, et à M. Albert Jambois, conseiller général et administrateur-ordonnateur de nos établissements, d'accepter tous les deux la vice-présidence du Comité. Ainsi constitué, le Comité était alors au complet et ne devait plus subir de transformation qu'à la mort de son président, le regretté M. Jean Buffet, enlevé bien trop tôt à l'affection des siens et à l'estime de ses concitoyens auxquels, par sa connaissance distinguée des affaires, il aurait pu rendre pendant toute la guerre et après encore de si grands services. Son décès amena la nomination d'un nouveau président : le choix du Comité se porta sur le Maire de Nancy, M. Gustave Simon qui, pressenti, accepta.

De la conception de l'œuvre à sa réalisation, il s'était écoulé à peine dix mois.

Le 30 décembre 1914, le Comité de l'Association Lorraine était en effet constitué ; dès les premiers beaux jours du printemps 1915, l'édification de l'école était commencée et son ouverture avait lieu le 3 novembre suivant.

L'accomplissement de tous nos travaux quotidiens continuait malheureusement à être à tout instant troublé par quelqu'acte de sauvagerie de nos ennemis. Poursuivant leur méthode de guerre qu'ils avaient déjà inaugurée depuis plusieurs mois, les Boches venaient presque chaque jour avec leurs taubes survoler Nancy et souvent y jeter des bombes. Sans être encore aussi meurtriers qu'ils le furent par la suite, ces bombardements, par leur fréquence, commencèrent à devenir inquiétants. La Municipalité et l'Armée durent alors envisager des mesures de protection pour les habitants de Nancy et de sa banlieue et les militaires qui y stationnaient ou y étaient hospitalisés. C'est à cette époque que l'on commença à entendre le glas lugubre du tocsin et le sifflement des sirènes, auquel on eut recours pour prévenir du danger la population.

Pendant que la Municipalité faisait recenser les caves solides de la ville en les marquant à l'extérieur des habitations d'une croix de Lorraine qui devait indiquer aux passants les emplacements d'un refuge en cas d'alerte, nous disposions nos sous-sols pour abriter nos malades et notre personnel. Nous voulûmes faire plus encore, en offrant à nos concitoyens des quartiers où étaient situés nos hôpitaux des emplacements spéciaux que nous leur organisâmes en abris.

Le Service de Santé créa de son côté des postes de secours dans les divers quartiers de Nancy, dont le rôle était de recueillir les victimes des bombardements atteintes dans chaque zone respective pour leur donner les premiers soins. C'est ainsi que l'Hôpital civil et l'hôpital H.-Maringer se virent doter chacun d'un poste.

Les bombardements provoquant en outre de temps à autres des incendies, il pouvait arriver que plusieurs sinistres se déclarassent en même temps, plaçant ainsi nos braves sapeurs-pompiers dans l'impossibilité de porter secours partout à la fois. Des équipes pour combattre ces commencements d'incendies furent alors organisées dans toutes les formations sanitaires de la ville. Aux hospices civils, la Commission administrative dota chacun de ses établissements de petites pompes à main et de seaux en toile, susceptibles de combattre et d'éteindre tout sinistre à son début. La grosse pompe et les deux dévidoirs que nous possédions déjà furent mis en parfait état de fonctionner et, plusieurs fois par mois, les équipes constituées devaient faire la manœuvre, sous la direction d'officiers du corps des sapeurs-pompiers de Nancy.

Toutes ces mesures ne devaient d'ailleurs pas être superflues !

En effet, dans la nuit du 11 au 12 avril 1915, un zeppelin survolant Nancy, jeta plusieurs bombes, dont une notamment, incendiaire, sur l'hospice Saint-Julien. Fort heureusement tombée au milieu du jardin qui sépare les deux ailes principales, elle ne put faire de dégâts. Quelques mois plus tard, le 8 septembre, vers 7 heures du matin, le même établissement fut encore atteint : un taube venant bombarder la ville, lança plusieurs bombes dont une, percutante, tomba près du pavillon des pensionnaires-dames, brisant en éclatant plus de 300 vitres, sans, par miracle, faire de blessés.

De même que la fin de l'année 1914 et le début de celle de 1915 avaient déjà été marqués pour nos hôpitaux par des deuils qui nous enlevèrent plusieurs de nos collaboratrices, de même la période de février à août 1915 devait en allonger la liste.

Le 3 avril, une infirmière volontaire de l'ancienne ambulance Saint-Pierre, Mme Menou, succombait à une affection péritonéale que les fatigues de la guerre avaient aggravée. Ce deuil venait encore augmenter pour M. Menou, son mari, le tribut qu'il avait déjà payé bien durement au pays. En effet, au cours du bombardement par canons du 9 au 10 septembre 1914, M. Menou, attaché avec Mme Menou à l'ambulance Saint-Pierre, ayant aperçu des signaux qu'il supposait être faits pour renseigner l'ennemi, avait couru prévenir le commissariat central de police. Au retour, surpris par le bombardement, il fut atteint rue Saint-Dizier par des éclats d'obus qui le blessèrent grièvement à la face et à la jambe droite, l'immobilisant sur son lit pendant plusieurs mois.

Le 2 mai suivant, Sœur Françoise Thiriat, attachée au service des inhumations à l'Hôpital civil depuis près de quarante années, nous était enlevée après une carrière hospitalière bien remplie.

Un mois et demi plus tard, la Commission administrative perdait son directeur-économe, M. Marcel Brousse. Ayant quitté Nancy vers le 10 mars, pour prendre un peu de repos dans une petite propriété qu'il possédait dans le centre de la France, M. Brousse ne devait plus rejoindre son poste. Atteint d'une de ces affections qui ne pardonnent que difficilement et dont l'aggravation fut sans doute provoquée aussi par les surmenages du début de la guerre, il était peu après transporté à l'hospice général de Tours (Indre-et-Loire), où il expirait le 12 juin suivant. La Commission administrative dut lui désigner aussitôt un successeur. Son choix se porta sur M. Marcel Gauguery, chef des bureaux de l'économat et du mouvement des hospices, que douze années d'administration hospitalière avaient préparé à ses nouvelles fonctions.

Quelques jours après, en même temps qu'il atteignait nos hôpitaux, un deuil bien cruel venait frapper plus durement encore notre président, M. Alfred Krug et sa famille, en la personne de son unique jeune fille, Mlle Henriette Krug, qui succombait le 17 juin, à l'âge de 19 ans. Mlle Henriette Krug, comme toutes les jeunes filles de son âge, avait, dès la déclaration de guerre, brûlé du désir de consacrer à nos soldats tout son temps et toutes ses forces. Elle s'était aussitôt offerte avec Mme Krug, sa mère, comme infirmière volontaire à l'Hôpital civil et, depuis, avait rempli ses fonctions avec tout son cœur et tout son dévouement. Il en était résulté pour elle un surmenage qui ébranla une constitution qui paraissait cependant assez robuste, à tel point que tous les soins assidus qui lui furent prodigués ne purent la conserver à l'affection des siens. Nous ne voulons pas laisser passer le rappel de cet événement douloureux, sans renouveler à notre estimé Président et à Mme Krug l'expression de notre respectueuse et bien vive sympathie. Nous y tenons d'autant plus qu'un nouveau deuil, non moins pénible, vint encore les atteindre trois années et demie plus tard. Leur fils aîné, M. le lieutenant d'artillerie Auguste Krug, deux fois cité et fait, *in extremis*, chevalier de la Légion d'honneur, tombait en héros au cours d'une mission périlleuse qu'il avait revendiqué de remplir.

Enfin, le 13 juillet suivant, nous perdions Sœur Eugénie Thouvenot, attachée comme lingère à la Pension Bon-Secours depuis de nombreuses années déjà. Sœur Eugénie s'était épuisée au début de la guerre en collaborant plus particulièrement au service des premiers pansements, installé dans la salle de jour à l'Hôpital civil.

En août 1915, la convention passée avec l'autorité militaire commença à recevoir son plein effet. L'organisation de guerre de nos hôpitaux avait été remaniée, comme nous l'avons déjà écrit, de façon à concilier également les intérêts de la population civile et ceux du Service de Santé. Le chiffre de 2.080 lits mis au début de la guerre à la disposition de l'armée avait, de ce fait, été réduit à celui de 1.375. Cette réduction ne fut toutefois pleinement effective qu'en décembre, après la suppression de l'ambulance de la maison-mère des Sœurs de Saint-Charles.

Le 15 décembre, en effet, devant la diminution du nombre des malades et des blessés militaires, la Commission administrative décida de ne plus demander à Mme la Supérieure générale de cette Congrégation de continuer l'effort qu'elle avait si généreusement consenti jusque-là. C'est ainsi que fut fermée l'annexe installée à la maison-mère. Nous ne voulons pas laisser passer l'occasion qui nous est offerte ici sans adresser à nouveau à Mme la Supérieure générale l'hommage de notre respectueuse et bien vive gratitude pour le concours si efficace qu'elle nous apporta pendant toute la guerre et plus particulièrement pendant les seize premiers mois au cours desquels fonctionna son ambulance. L'œuvre qu'elle accomplit pendant ces seize mois avec Mmes les Assistantes générales est d'autant plus belle et méritoire que, dans un sentiment de patriotique et charitable désintéressement, elle ne voulut accepter ni rétribution en argent, ni secours en nature, auxquels sa Congrégation avait droit. Elle abandonna les versements de l'État, dont l'importance atteignait de bien près la somme de 40.000 fr., au profit de nos établissements pour les aider à supporter plus aisément les frais d'hospitalisation des malades militaires. Unie à l'histoire de nos hôpitaux par des liens séculaires, la Congrégation des Sœurs de Saint-Charles leur donna ainsi le témoignage frappant des sentiments d'attachement et de dévouement qu'elle leur a conservés.

Ainsi s'acheva assez paisiblement l'année 1915, car si les incursions aériennes de l'ennemi commençaient à nous causer quelques tracas, un calme presque complet régnait par contre sur le front de Lorraine.

Sous les bombardements par pièce à longue portée
(Du 1ᵉʳ janvier au 31 décembre 1916)

L'année 1916 fut pour Nancy une année terrible. Les bombardements par gros canons de 380, avec leurs victimes et leurs dégâts, tinrent la population dans une perpétuelle anxiété.

Le répit que les Boches nous avaient accordé depuis quelques mois ne pouvait, hélas ! nous laisser entrevoir l'effrayante surprise qu'ils nous réservaient à l'occasion du commencement de la nouvelle année. Le bruit de quelques gros bombardements possibles avait bien couru en ville, mais personne ne semblait y avoir attaché d'importance sérieuse. Aussi le 1ᵉʳ janvier 1916 fut-il un jour particulièrement tragique.

Dès 4 heures du matin, un important incendie se déclarait au faubourg Saint-Georges, dans un terrain de la Tonnellerie Fruhinsholz, où l'escadrille d'aviation de Malzéville avait installé un parc d'approvisionnement, renfermant bidons d'essence et de pétrole, grenades, bombes, fusées, etc.

Au fur et à mesure que l'incendie s'étendait, des explosions se produisaient et se succédaient presque sans interruption. Vers 8 heures du matin, cependant, le sinistre semblait éteint et le calme renaissait.

Mais voici que, vers neuf heures, une épouvantable détonation se produisit ! Aucun avion ne survolant Nancy, tout le monde crut à quelque obus que l'incendie du matin, peut-être mal éteint, venait de faire éclater. Cependant, l'importance du bruit ne paraissait pas avoir de rapport avec celui des éclatements entendus précédemment, et, quelques minutes plus tard, une nouvelle détonation, plus forte que la première, nous déchirait les oreilles. Il n'y eut plus de doute ; nous nous rendîmes compte que nous étions bombardés par canon, d'autant plus que nous apprenions presqu'en même temps, par des jeunes gens qui fuyaient la rue pour chercher un refuge, qu'une maison venait de s'écrouler rue Jeanne-d'Arc. Ce fut pour nous un moment d'angoisse, en pensant au danger que couraient nos malades, nos vieillards et nos enfants. M. Jambois, à peine remis d'une grave maladie, accourut en hâte et immédiatement se préoccupa de les faire mettre tous en sécurité. Dans ce but, notre personnel se mit à descendre en brancards dans les caves, nos opérés, nos fiévreux et nos impotents. En une heure à peine, toutes nos salles étaient évacuées et tout notre monde était à l'abri. Pendant ce temps, les obus continuaient à arriver de quart d'heure en quart d'heure, avec, de temps à autre, quelques écarts dans le rapprochement ou l'éloignement des coups. Enfin, vers 11 heures 1/2, le bombardement avait pris fin.

Mais, avant même qu'il ait cessé, les blessés et les morts nous étaient déjà amenés ; les blessés étaient au nombre de six, et les morts de trois.

Puis, le premier moment de stupeur dissipé, toute la population fut bientôt dehors pour chercher à se rendre compte de l'importance des dégâts. Ils étaient terrifiants. Des maisons, entièrement détruites, laissaient à leur place un trou béant, causant une impression pénible. Chacun raisonnait à sa façon la situation. Puisque les Boches avaient tiré une fois, ils devaient pouvoir recommencer, et ne pouvaient-ils pas tirer aussi bien la nuit que le jour ?... Tel était le problème que l'on essayait vainement de résoudre. Cette inquiétude était d'autant plus justifiée que le lendemain, 2 janvier, le bombardement recommençait ; puis le 4 ; puis, après une quinzaine de jours de répit, reprenait le 24 ; et ainsi de suite pendant toute l'année 1916 et le début de celle de 1917.

On sut, par la suite, que la pièce qui tirait sur Nancy, dénommée par la population « la grosse Bertha », était installée à Hampont (Lorraine). Nos artilleurs firent certes d'excellente besogne pour nous en débarrasser. Ils y réussirent même ; mais, malheureusement, après quelques semaines de silence, les Boches en faisaient réapparaître une nouvelle, ce qui, en outre, ne les empêchait pas de continuer à nous envoyer fréquemment leurs taubes.

Nous eûmes la chance de voir nos hôpitaux épargnés par les bombardements par canon de 380 ; nous en eûmes par contre un peu moins avec ceux par torpilles d'avions qui leur succédèrent dans le courant de l'année 1917, sans que leurs dégâts prissent cependant de très grandes proportions. Nous aurons un peu plus loin l'occasion de revenir sur cette question.

Il est certain que la vie spéciale que créait la perspective d'un bombardement toujours possible causait à toute la population de Nancy une inquiétude assez vive. Cette inquiétude était, pour nous, augmentée de sérieuses préoccupations en raison des malades, des vieillards et des enfants dont nous avions la garde ; mais jamais, nous pouvons l'affirmer, les bombardements ne provoquèrent dans nos établissements le moindre désarroi.

Il nous fallut nous adapter à cette vie nouvelle, dont nous ne pouvions prévoir ni la durée, ni les surprises. C'est alors que, dans tous nos hôpitaux et hospices, nous nous mîmes à transformer nos caves, de refuges sommaires organisés en 1915, en véritables salles de malades et services annexes. L'organisation de l'Hôpital civil, où toutes les victimes des bombardements étaient transportées, fut particulièrement développée. Sous les deux ailes principales, on installa de grandes et belles salles de malades éclairées à l'électricité et chauffées. On créa deux salles d'opérations complètes avec service de stérilisation, de façon que les deux principaux postes de chirurgie puissent opérer tranquillement sous les bombardements et sans projeter de lumière à l'extérieur, puisqu'un arrêté du Maire de Nancy, pris en accord avec l'autorité militaire, avait sagement prescrit l'obscurité la plus complète dans la ville, dès la chute du jour. On installa, en outre, un dépôt de pharmacie et une cuisine. Tous les orifices des caves furent bouchés hermétiquement avec de solides caisses de sable, de façon à empêcher les éclats d'obus de pénétrer ou tout au moins pour en atténuer les effets néfastes. Enfin, sous la Pension Bon-Secours, un quartier spécial fut organisé pour les officiers en traitement.

Que de veillées et que de nuits ne passâmes-nous pas dans ces abris avec nos malades ! Dès qu'une menace quelconque de bombardement apparaissait, ou au premier signal du tocsin ou de la sirène, immédiatement le personnel transportait les malades aux places qui leur étaient destinées. Tous ces déménagements s'accomplissaient rapidement, sans cri et sans démoralisation. Chacun, automatiquement, prenait possession de son poste et attendait les événements.

Aussitôt l'arrivée des blessés, nos services médicaux de première urgence, qui nous ont été d'un si précieux secours, donnaient les premiers soins et commençaient les opérations, s'il y avait lieu, en attendant l'arrivée de nos professeurs, chefs de service, dont l'abnégation et le dévouement furent aussi admirables ! Combien de fois ne les a-t-on pas vus accourir au premier appel, même sous les bombardements les plus violents, pour apporter à nos malheureuses victimes des gros canons, des gothas ou des taubes, les soins éclairés qui, bien souvent, devaient les arracher à la mort !

Nous devons aussi signaler ici le dévouement apporté dans ces circonstances, très souvent même au mépris de leur existence, par MM. les docteurs Louis Michel et Georges Etienne, ainsi que par deux de nos internes de guerre : Mlle Joséphine Mondlange et M. Pinth.

Nous devons citer encore le dévouement de M. l'abbé Dédénon, aumônier de l'Hôpital civil, qui exerça pendant toute la guerre les fonctions de son ministère avec une abnégation et un tact qui lui font honneur, et, enfin, celui de M. Lucien Mayeur, concierge-téléphoniste de l'Hôpital civil, qui assura, de nuit comme de jour, un service écrasant pendant les cinq années de guerre.

Grâce à l'organisation créée, qui permettait d'opérer sans retard les blessés, sans avoir à attendre que le bombardement ait cessé, que de victimes furent ainsi sauvées !

Le dévouement dont tout notre personnel fit preuve au cours des nombreux bombardements que nous subîmes, n'est pas cependant, pour nous, le seul qui retienne notre attention. Nous ne saurions oublier aussi combien fut méritoire celui des officiers et des hommes du Service de Santé de la Place de Nancy. Nous ne voulons pas rappeler le souvenir de ces moments tragiques sans rendre, en effet, hommage à l'abnégation dont firent preuve le médecin-chef de la Place, M. le médecin principal de 1re classe Dubujadoux, et son adjoint, M. le médecin aide-major de 1re classe Donnadieu, qui, après nous avoir amené les blessés et les morts souvent même en plein bombardement, n'hésitaient pas ensuite à prendre la blouse blanche pour aider nos chirurgiens. A cet hommage si justifié, nous associons au même titre leurs dévoués infirmiers qui, dans un cadre peut-être plus modeste mais non moins digne d'éloges, exposèrent bien souvent leur vie pour sauver celle de nos concitoyens.

Nous ne voulons pas non plus oublier nos braves sapeurs-pompiers, dont le dévouement au feu, sous les bombardements ou à l'occasion de leurs nombreux transferts, à l'Hôpital civil, des victimes ou des malades, affrontèrent combien de fois la mort! Nous ne pouvons tous les citer, mais nous les unissons dans un même sentiment de reconnaissance pour les innombrables services qu'ils nous ont rendus, et nous leur conservons une même admiration pour leur intrépide courage! Nous croirions cependant manquer à notre devoir si nous n'évoquions pas, ici, la mémoire du regretté commandant de la compagnie, le capitaine Collignon, que, deux années plus tard, les fatigues de la guerre devaient enlever bien trop tôt, hélas! à l'estime de la population nancéienne, à laquelle il rendait de si précieux services.

Nous voulons rendre encore un particulier hommage à la bravoure et à l'esprit de sacrifice et de désintéressement d'un de nos concitoyens les plus notables, qui n'hésita pas, malgré son âge, à revêtir, dès le début de la guerre, l'uniforme de sapeur-pompier. Tout en rendant dans d'autres domaines, par sa remarquable intelligence et sa haute situation sociale, d'inappréciables services, il voulut ainsi se mettre plus directement encore à la disposition de sa ville natale menacée. Bien que nous ayons connu de longue date déjà les sentiments bienveillants dont il était animé à l'égard de nos établissements hospitaliers, nous avons pu, au cours de la guerre, en apprécier plus particulièrement toute la profondeur et la résistance, car nous pouvons dire qu'en toutes circonstances il se montra l'ami fidèle de nos hôpitaux. C'est notre honorable Maire actuel. M. Henri Mengin, alors bâtonnier de l'Ordre des avocats, que nous avons nommé!

Les premières journées d'angoisse de l'année 1916 attirèrent en revanche sur Nancy la sollicitude du Parlement et du Gouvernement. Du fait de la sauvagerie boche, la cité était désormais classée parmi les villes martyres du front.

C'est alors qu'après avoir entendu la Chambre des Députés, par la voix de son président, M. Paul Deschanel, flétrir l'abominable vengeance de l'ennemi, Nancy eut la consolation, le 6 janvier, de recevoir dans ses murs M. Raymond Poincaré, président de la République française.

M. le Président de la République avait tenu à se rendre à Nancy, sentinelle avancée de cette Lorraine à laquelle le relie sa naissance, ses études et toute sa carrière politique, pour donner aux victimes des bombardements le haut témoignage de la sympathie de la Nation et du Gouvernement, et adresser à tous les Nancéiens ses félicitations pour leur ferme attitude et leur magnifique sang-froid.

A cette occasion, M. le Président de la République, accompagné de M. le général Duparge, de sa maison militaire, de M. le préfet Mirman, de M. Simon, maire de Nancy, et de M. le général Després, successeur au commandement du détachement d'armée de Lorraine de M. le général Humbert, vint à l'Hôpital civil visiter les victimes et les blessés militaires qui s'y trouvaient en traitement. Reçu par M. le vice-président de la Commission administrative, M. Alfred Krug, et M. Albert Jambois, conseiller général, administrateur-ordonnateur des Hospices, M. Raymond Poincaré parcourut nos salles, ayant pour chaque blessé quelques mots de réconfort et de consolation. Au cours de son passage à la Pension Bon-Secours, nous eûmes une bien vive et bien agréable surprise. Le général Després, sachant être dans les sentiments de la population tout entière, proposa à M. le Président de la République de citer à l'ordre du détachement d'armée de Lorraine Mme la Supérieure de l'Hôpital civil,

Sœur Louise Barrot, en raison de sa noble conduite depuis le début de la guerre et de son dévouement aux malades qui lui étaient confiés. M. le Président de la République ayant aussitôt acquiescé à cette proposition, M. le général Després décrocha de son dolman la croix de guerre avec palme qu'il portait, pour la remettre au Chef de l'Etat, qui l'épingla sur la poitrine de Sœur Louise, au milieu de la satisfaction générale de tous les assistants. Il serait, croyons-nous, superflu de nous étendre longuement sur cet événement, qui par lui-même comporte toute sa signification. Rappelons cependant avec quels sentiments de joie et d'approbation fut accueillie en ville, et dans toute la région, cette haute distinction que l'on trouva d'autant mieux placée que la réputation qu'avaient valu à Sœur Louise son inlassable charité vis-à-vis des pauvres, son extrême amabilité et l'ascendant moral qu'elle avait acquis dans toutes les classes de la société lorraine, n'avait fait que croître depuis le début des hostilités.

Devant le danger des bombardements par pièce à longue portée, le Service de Santé militaire avait cru devoir prendre des mesures d'évacuation des ambulances analogues à celles prises à l'époque des batailles du Grand-Couronné. On ne conserva guère à Nancy que les malades et les blessés intransportables, en ramenant également la population des centres de spécialités à un chiffre extrêmement réduit. Ne reconnaissant plus, de ce fait, la nécessité de maintenir en fonctionnement l'hôpital Marin, le 10 mars la Commission administrative procédait à sa fermeture.

Si le nombre des blessés et des malades militaires hospitalisés dans nos hôpitaux diminuait, nous ne pouvions songer, pour cela, à ralentir notre action. A côté des militaires, il existait, à Nancy et sa banlieue, une population civile laborieuse qui, malgré la menace du canon, travaillait activement dans les usines pour les besoins de la défense nationale. Tous nos soins devaient donc se porter à maintenir nos hôpitaux dans une situation qui, à tout moment, pût leur permettre de rendre à cette population les services qu'elle était en droit d'en attendre.

L'Hôpital civil, en particulier, était la maison où à chaque événement malheureux on amenait les blessés et les morts.

C'était là que chacun se rendait aussitôt un bombardement terminé, pour s'assurer si un parent ou un ami absent n'avait pas été amené blessé. C'est là encore que l'on se réunissait pour accompagner à leur dernière demeure les pauvres victimes, trop nombreuses, hélas ! de la barbarie allemande. Enfin, personne ne savait si nos ennemis, renonçant à rester sur leur échec de septembre 1914, ne réattaqueraient pas un jour devant Nancy, comme le 26 février ils venaient de le faire devant Verdun. Nous devions encore, de ce côté, rester prêts à répondre aux besoins de l'armée.

Chacun faisait donc son devoir et acceptait avec résignation cette existence pleine d'incertitude et d'imprévu. Nous y fûmes d'ailleurs grandement encouragés par la sollicitude que témoignèrent à la cité les Pouvoirs publics.

Nous eûmes, en effet, la satisfaction, le 5 avril 1916, de voir dans une citation remarquablement élogieuse, la belle conduite de M. Gustave Simon, maire de Nancy, et celle de tout son Conseil municipal, portée par le Gouvernement à la connaissance du Pays. L'effet de cette belle citation collective rejaillissait ainsi sur deux administrateurs des hospices : MM. Edmond Barthélémy et Louis Bussière, membres du Conseil municipal.

Cette première marque de reconnaissance nationale devait encore, cinq semaines plus tard, être suivie de deux récompenses qui furent particulièrement chères à la population nancéienne. Le Gouvernement, dans une attention toute spéciale envers Nancy qui n'échappa pas à nos concitoyens, décida, en effet, de promouvoir M. Gustave Simon, maire, et M. Albert Jambois, conseiller général, au grade de chevalier de la Légion d'honneur, dont M. le Président de la République vint personnellement faire la remise des insignes.

M. Gustave Simon avait accepté, le 23 août 1914, de succéder à son honorable prédécesseur à un moment où la situation de Nancy était tout à fait critique. De tous les Nancéiens, il était certes celui auquel le lendemain réservait le plus d'incertitude et d'imprévu. En cas d'invasion de la ville, il n'eût certainement pas échappé aux mesures vexatoires et de rigueur de l'ennemi et pouvait même être appelé un jour à exposer sa vie. M. Gustave Simon accepta brave-

ment cette situation, et chacun de nous sait avec quel
dévouement il se consacra aux affaires de la cité. Sous les
bombardements, il était toujours un des premiers rendus, si
ce n'était le premier, sur les lieux des sinistres. Il surveillait
l'exécution des mesures de sauvetage et d'ordre et, au besoin
même, les dirigeait. Dans le ravitaillement de la population,
il apporta toute son expérience et toute son activité d'homme
d'affaires, et l'on peut dire que, grâce à lui et à son administration, Nancy fut certes une des villes du front qui, au point
de vue alimentaire, eut le moins à souffrir pendant la guerre.

M. Albert Jambois, qui appartient à une de ces vieilles
familles lorraines dont le nom est fort connu dans toute la
région, s'était consacré depuis plus de trente ans à la chose
publique et s'était attaché plus particulièrement à des œuvres
sociales et philanthropiques. On l'avait vu successivement,
et même parallèlement, siéger au Tribunal de Commerce,
dont il devint le président ; faire partie de la Société privée
des Crèches de Nancy, qu'il fut appelé par la suite à présider ;
être envoyé par les électeurs du canton de Nancy-Sud pour
les représenter au Conseil général de Meurthe-et-Moselle, où
il remplit pendant quatorze années les fonctions de rapporteur
du budget départemental ; entrer au sein de la Commission
administrative des hospices civils, où il collabora, en qualité
d'ordonnateur, plus spécialement à la gestion de nos grands
établissements hospitaliers, etc. Une telle activité de tant
d'années de paix ne pouvait certes pas rester, pendant la
guerre, sans trouver un champ d'action, alors que le pays
demandait à tous ses enfants de tout âge et de toutes conditions de lui faire le sacrifice de leurs forces et même de leur
vie.

Pour ne parler que des services qu'en mai 1916 il avait
déjà rendus depuis le début des hostilités, rappelons que,
nommé président du Comité des réfugiés des villages lorrains,
M. Albert Jambois apporta à la cause de nos infortunés
compatriotes tout son dévouement et tout son cœur. Administrateur des hospices, il se dépensa fiévreusement, avec
M. le président Krug et ses autres collègues de la Commission
administrative, à cette œuvre pleine d'intérêts que poursuivaient nos hôpitaux. Animé d'un patriotisme ardent, qui ne

connaissait pas de bornes, on le trouva partout où il crut que sa présence et ses services pussent êtres utiles, et c'est ainsi qu'au cours du bombardement du 9 au 10 septembre 1914 il contribua puissamment à sauver une famille menacée.

De tels titres justifiaient amplement la distinction que le Gouvernement avait bien voulu concéder à nos deux honorables concitoyens.

Le 14 mai, après avoir remis officiellement, dans le grand salon de l'Hôtel de Ville, à MM. Simon et Jambois les insignes de leur grade et, dans un remarquable discours que nous voudrions relater si nous ne craignions de donner trop d'ampleur à notre modeste travail, avoir évoqué les titres des deux légionnaires à la reconnaissance du pays, M. le Président de la République, accompagné dans son voyage du ministre de l'Intérieur, M. Malvy, et du général Pénelon, de sa maison militaire, se rendit à l'hôpital H.-Maringer pour inaugurer l'École des Mutilés de la Guerre, puis ne voulut pas quitter Nancy sans être venu visiter à l'Hôpital civil les victimes des bombardements et les blessés militaires.

Cette visite nous fut d'autant plus agréable que, tout en donnant à nos malheureuses victimes et à nos blessés une marque de sa haute sympathie, M. le Président de la République honorait de sa visite notre grand établissement le jour où deux membres de la Commission administrative étaient mis à l'honneur. M. Gustave Simon, après avoir pendant plusieurs années travaillé au sein de la Commission comme membre délégué par M. le Préfet, en était devenu le président-né en acceptant la première magistrature de la Ville, pendant que M. Albert Jambois exerçait les importantes fonctions d'ordonnateur de cette Commission à laquelle il était attaché depuis 1907.

Reçu à l'Hôpital civil par le vice-président, M. Alfred Krug, entouré de ses collègues de la Commission administrative, de Mme la Supérieure Sœur Louise Barrot, du personnel administratif et des membres du corps médical de nos hôpitaux ayant à leur tête le doyen de la Faculté de Médecine, M. le professeur Meyer, M. le Président de la République parcourut nos salles, ayant pour nos malades

4

quelques bons mots et laissant à chacun un souvenir de son passage.

Avant de quitter l'établissement, sur la demande qui lui en fut exprimée par M. le Vice-Président, M. Raymond Poincaré voulut bien se rendre à la salle des réunions du Conseil d'administration des hospices pour apposer sa signature sur le registre des délibérations, au bas d'un procès-verbal dressé pour commémorer sa visite. Ce procès-verbal, dont nous donnons ci-contre la reproduction, fut contresigné par M. le Ministre de l'Intérieur et par toutes les personnalités présentes.

Cette visite fut suivie, quelques semaines plus tard, de celle de M. le général Franchet d'Esperey qui, de passage à Nancy, vint s'entretenir quelques instants avec nos blessés de l'Hôpital civil.

Nous devons, en outre, relater les récompenses obtenues au cours de cette année terrible par un certain nombre de nos collaborateurs.

Le 24 mars, Mlle G. Olivier, directrice de notre hôpital de l'ancien Grand-Séminaire, recevait la médaille d'honneur d'argent des épidémies.

Le 25 décembre, Mlle Léonie Cordier, infirmière bénévole à l'hôpital Villemin, recevait la même distinction.

Enfin, le 29 décembre, une autre infirmière de l'hôpital Villemin, Mme Revelly, née Muscat, recevait aussi la médaille d'honneur de bronze des épidémies, et deux de nos Sœurs de Saint-Charles attachées à cet établissement, Sœur Adrienne Gross et Sœur Marguerite David, recevaient, la première, la médaille de bronze, la seconde, la médaille d'argent.

S'il nous fut agréable de voir récompenser à très juste titre le dévouement de nos éminents concitoyens et celui de nos collaborateurs, il nous fut, par contre, extrêmement douloureux d'avoir à enregistrer le décès de quatre des nôtres.

Le 26 mars, M. le professeur agrégé Th. Guilloz décédait, après une assez longue maladie que le surmenage intensif des premiers mois de guerre avait provoquée. Il laissait vacant, à l'Hôpital civil, le poste de chef de service de la radiographie et de l'électrothérapie, qui fut assuré pendant le reste de la guerre par son chef de travaux, M. le docteur

Procès-Verbal

Le 14 Mai 1916 Monsieur Raymond Poincaré, Président de la République Française, et Monsieur Malvy, Ministre de l'Intérieur, ont honoré de leur visite les Hôpitaux Civils de Nancy, à l'occasion de la remise des insignes de la Légion d'honneur à Monsieur Gustave Simon, Maire de Nancy, Président-né de la Commission Administrative des Hospices Civils de Nancy, et Monsieur Albert Jamboïs, Conseiller Général de Meurthe et Moselle, Ordonnateur des Hospices Civils de Nancy.

Pour commémorer le souvenir de cet événement le présent procès-verbal a été dressé et signé par Monsieur Le Président de la République, Monsieur le Ministre de l'Intérieur, et les Membres de la Commission Administrative des Hospices, ainsi que par diverses personnalités présentes.

REPRODUCTION DU PROCÈS-VERBAL COMMÉMORANT LE PASSAGE A L'HOPITAL CIVIL DE M. RAYMOND POINCARÉ, PRÉSIDENT DE LA RÉPUBLIQUE FRANÇAISE

(MAI 1916)

Lamy, rappelé des armées depuis plusieurs mois déjà pour être maintenu mobilisé sur place.

Le 25 avril, nous avions à déplorer la mort d'une de nos dames-infirmières volontaires, Mme Fairise, femme du dévoué professeur agrégé. Mme Fairise nous avait apporté son concours dans plusieurs de nos services. Elle avait accompagné son mari d'abord au pavillon Virginie-Mauvais, où M. le docteur Fairise exerçait les fonctions d'assistant de M. le professeur Vautrin. Plus tard, elle avait suivi M. le professeur Vautrin et son mari dans l'ancien service de chirurgie générale de M. le doyen honoraire Gross. Enfin, elle était allée à l'hôpital Villemin où le docteur Fairise avait, à un moment donné, secondé M. le professeur Haushalter.

Le 17 juin, nous étions privés de la collaboration de notre Supérieure de l'hôpital H.-Maringer, Sœur Rose Prieur.

Sœur Rose Prieur était, à la déclaration de guerre, attachée depuis trois mois à peine comme Supérieure de cet hôpital ; elle y avait suivi son service de convalescents installé auparavant à la Maison Marin.

Le zèle et l'activité qu'elle dépensa dans ces importantes fonctions furent au-dessus de ses forces. Victime de son inlassable dévouement, elle succomba à la grave affection dont elle était atteinte.

Mme la Supérieure générale de la Congrégation des Sœurs de Saint-Charles proposa à la Commission administrative, pour lui succéder, Sœur Laurence Duval, déjà Supérieure de l'hôpital Villemin. Cet hôpital fut, en effet, réuni à cette époque avec l'hôpital H.-Maringer sous une seule et même direction, en raison de la proximité de ces deux établissements et de la communauté de leurs services généraux.

Le 24 décembre, nous perdions encore une de nos vieilles religieuses de l'hospice Saint-Julien, Sœur Charlotte Antoine, qui était restée attachée à cette maison pendant près de trente-cinq ans.

Les bombardements de l'année 1916 n'avaient pas été sans causer, en outre, quelques troubles et quelques dégâts dans certains de nos établissements : nos deux hospices Saint-Stanislas et Saint-Julien, à trois reprises différentes, avaient été atteints.

Le 13 mars, une bombe d'avion lancée sur l'hospice Saint-Stanislas ne causait fort heureusement que des dégâts matériels.

Le 17 juillet, à sept heures et demie du soir, alors que les vieillards venaient de se coucher, une torpille d'avion, lancée sur l'hospice Saint-Julien, tombait au pied du pavillon des hospitalisés hommes et blessait 19 vieillards, brisant 1.500 carreaux et faisant encore d'importants dégâts de toutes sortes. Nous eûmes la chance, cependant, de ne pas avoir à déplorer de morts.

Le 7 novembre, l'hospice Saint-Stanislas était à nouveau atteint, mais cette fois par une bombe incendiaire qui tomba au pied du pavillon de nos petits orphelins et dont les flammes montèrent jusqu'à la hauteur du 1er étage, ne causant que des dégâts insignifiants.

L'année 1916 se termina ainsi à Nancy, sous une continuelle menace de la grosse Bertha et des raids d'avions, dont le bilan se chiffra par 52 blessés et 31 morts, sans compter lesdégâts matériels.

Évacuation de l'hospice Saint-Stanislas,
et d'un certain nombre de grands impotents
de l'hospice Saint-Julien

(Du 1er janvier au 31 décembre 1917.)

La journée du 1er janvier 1917 fut, pour pour les Nancéiens, un jour d'appréhension très justifiée. Chacun avait encore trop présente à la mémoire la désagréable surprise du 1er janvier de l'année écoulée. On était bien habitué aux gros bombardements, et ce n'était pas l'arrivée de quelques obus que la population craignait; mais quelques tours des Boches n'étaient-ils pas plutôt à redouter? D'autre part, le bruit avait couru que la grosse Bertha n'était plus seule à pouvoir tirer sur Nancy, les Allemands devant avoir installé plusieurs pièces similaires capables d'atteindre la ville. La nouvelle n'était cependant pas tout à fait erronée; mais, pour être dans la vérité, il faut ajouter que la pièce qui tira sur Frouard ne tira pas sur Nancy, et que celle qui tira sur Lunéville était, a-t-on dit, la même que celle qui nous bombardait.

L'année 1917 vit d'ailleurs finir les bombardements par pièce à longue portée, dont le dernier eut lieu le 16 février. En revanche, les bombardements par avions devinrent encore plus violents et meurtriers. Nos ennemis adoptèrent de nouveaux engins tout à fait désastreux, capables de détruire un immeuble de fond en comble.

Aux bombes, ils joignirent des torpilles de dimensions variables, pesant jusqu'à 300 kilos environ. De tous les bombardements par avions de l'année 1917, le plus terrible et le plus néfaste fut certainement celui du 16 octobre. Plus de 80 bombes ou torpilles furent lancées sur la ville. En gare Saint-Jean, un train en partance pour Pont-Saint-Vincent fut particulièrement touché, et l'on se rappelle que ce seul bombardement causa près de 100 blessés ou morts. Ce fut une nuit bien terrible pour les Nancéiens, mais aussi bien pénible pour nos hôpitaux, où toutes les victimes furent amenées. Il est difficile de se rendre compte de l'effort qu'il fallut donner pour recevoir, nettoyer, opérer et panser près de 100 blessés, très gravement atteints pour la plupart, sans compter toutes les familles affolées qu'il fallait recevoir et renseigner, sans même souvent pouvoir être sûr de l'identification hâtive des blessés ou des morts à laquelle il avait fallu procéder. Cependant, ce bombardement, commencé à 6 heures et demie, était terminé vers 10 heures et les blessés qui commencèrent à nous être amenés dès 7 heures, étaient tous dans leur lit pour le lendemain matin 2 heures, grâce aux prodiges de dévouement accomplis par notre corps médical, nos Sœurs et notre personnel infirmier.

Malheureusement, les morts étaient nombreux, et nous eûmes le bien triste spectacle de voir, au cours de cette nuit tragique, 34 familles frappées par des deuils venir pleurer les êtres chers auprès de leur dépouille en lambeaux.

Ce spectacle bien triste et bien navrant ne fut, hélas ! pas le seul qui se déroula sous nos yeux, car les bombardements de 1917 nous en ramenèrent souvent la vue !

Le 11 octobre précédent, notre architecte des hospices, M. Biet, avait vu son superbe immeuble de quatre étages de la rue de la Commanderie détruit du grenier à la cave par la chute de deux bombes qui l'avaient atteint en pleine portée.

Le 17 octobre, un spectacle lamentable fut encore offert aux Nancéiens. Avec un cynisme raffiné, les Boches n'eurent-ils pas l'audace de s'acharner sur le cimetière de Préville qu'ils bombardèrent en y causant d'importants dégâts. Ils détruisirent des tombes et des caveaux entiers, creusant des trous béants et éparpillant les restes mortels de ceux qui y dormaient en paix !

Nous citons ces bombardements à titre d'exemple, pour donner une idée de la vie qu'on menait à Nancy et dans nos hôpitaux ; mais nous pourrions nous étendre longtemps sur ce chapitre, si l'on songe que les Boches nous lancèrent, en 1917, près de 300 projectiles et qu'ils firent, en outre de grands dégâts matériels, plus de 200 victimes, dont une soixantaine de morts.

Nous croyons cependant devoir signaler qu'au cours de cette année terrible, par quatre fois nos hôpitaux furent atteints.

Dans la nuit du 9 au 10 avril, une bombe fut lancée sur le pavillon de l'infirmerie des vieillards hommes à l'hospice Saint-Julien. Nous pourrions traiter le fait de miraculeux de ne pas avoir eu de victimes, mais simplement des dégâts matériels.

Le 14 juin, vers 3 heures du matin, une bombe tombait près du dortoir de l'École des Mutilés, à l'hôpital H.-Maringer, causant quelques dégâts matériels et blessant un élève, qui pourtant avait déjà payé suffisamment son tribut au pays. Ce fut vraiment extraordinaire de ne pas avoir eu plus de victimes au cours de ce bombardement, quand on pense que des quantités d'éclats de bombe déchirèrent les couvertures ou déchiquetèrent les murs au-dessus de la tête des mutilés qui étaient couchés.

Le 16 octobre, deux de nos hôpitaux furent atteints ; l'hôpital de l'ancien Grand-Séminaire et l'hôpital Villemin. A l'hôpital de l'ancien Grand-Séminaire une bombe vint se perdre dans le jardin potager, alors qu'à l'hôpital Villemin elle tomba au pied du pavillon gauche d'entrée, ne causant dans ces établissements que des dégats matériels peu importants.

Nous avons dit plus haut que, le 16 février, Nancy vit le dernier bombardement par pièce à longue portée. Toutefois, il faut ajouter que ce bombardement aurait pu causer en ville un désastre qui ne fut conjuré que grâce à la présence d'esprit et au sang-froid d'un instituteur, M. Eyraud. Ce dévoué fonctionnaire, sentant, en effet, que ses enfants n'étaient pas en sécurité suffisante dans les caves de son école de la rue de l'Équitation, s'était mis en mesure de les faire évacuer entre la chute de deux obus. Il venait à peine, quelques minutes plus tard, de terminer leur mise à l'abri dans un local voisin, qu'un 380 vint détruire totalement l'école où quelques instants auparavant il se trouvait avec ses élèves.

Il est facile de se rendre compte de l'émoi que causa cet événement et des craintes qu'il inspira. Aussi, la leçon qu'il comportait fut aussitôt tirée.

M. le Préfet, M. le Recteur et M. le Maire, réunis pour examiner la situation, envisagèrent sans plus tarder le transfert des enfants des écoles de Nancy dans des locaux pourvus de caves donnant toutes garanties de solidité et capables de constituer un abri sûr à chaque bombardement. Leurs vues se portèrent tout d'abord sur l'hospice Saint-Stanislas, en raison de ses immenses caves voûtées et de ses grands locaux, où plusieurs écoles pouvaient être installées.

Mais l'hospice Saint-Stanislas abritait nos orphelins et les pupilles en dépôt de l'Assistance publique. Les enfants des écoles ne pouvaient donc y venir qu'à la condition que nous puissions transférer ailleurs les nôtres.

La Commission administrative, sollicitée, se montra tout à fait disposée à étudier sans retard cette importante question. C'était un devoir pour tous de faire l'impossible pour sauver d'une catastrophe la jeunesse de Nancy; cette jeunesse qui devait, après la guerre, rester l'avenir du pays. En écartant de Nancy ses orphelins et les pupilles de l'Assistance publique, la Commission pensa que non seulement elle mettrait ses enfants à l'abri du danger permanent qui menaçait Nancy, mais encore qu'elle offrirait un refuge à une grande partie de la population des écoles de la ville. L'intérêt en jeu était suffisamment grand pour que sa réalisation méritât d'être tentée.

Malheureusement, un orphelinat de 300 enfants, dont beaucoup étaient encore en très bas âge et même au berceau, avec tout le personnel et l'installation mobilière *ad hoc*, ne se déplace pas facilement ; un transfert de ce genre était gros de difficultés et d'aléas !

Il fallait d'abord trouver à proximité de Nancy, mais assez loin cependant pour être à l'abri des bombardements, quelque établissement vacant où l'on pût loger tout notre petit monde et installer tous les services que leurs soins, leur éducation, et leur instruction comportaient. Il fallait pouvoir transférer toute l'organisation existante à Nancy (pouponnière, dortoirs, réfectoires, salles de classe, ouvroirs, ateliers de menuiserie, de cordonnerie, de tailleur, cuisine, buanderie, etc.)

Sans se laisser arrêter par ces diverses considérations, la Commission se mit aussitôt en œuvre pour tenter de découvrir l'établissement désiré, ce qui n'était vraiment pas facile, en raison de l'occupation de tous les immeubles libres par les troupes en cantonnement dans la région.

Entre temps, le 18 février, M. le Président de la République vint visiter le front de Lorraine. Il était accompagné du ministre de la Guerre M. le général Lyautey, du ministre de l'Armement et des Munitions, M. Albert Thomas, de M. le ministre italien Bissolati et de M. le colonel russe Ignatief. A son passage à Nancy, M. Raymond Poincaré voulut à nouveau se rendre à l'Hôpital civil, pour saluer nos blessés et nos victimes des bombardements. A l'escorte présidentielle s'étaient joints M. le généralissime Nivelle, M. le général Foch, commandant le groupe des armées de l'Est, M. le général Gérard, successeur du général Desprez au commandement du détachement d'armée de Lorraine, constituant depuis le 6 janvier la 8ᵉ armée, et de quelques officiers d'état-major. Avant de quitter l'hôpital, pendant que M. le Président de la République s'entretenait au milieu de la cour d'honneur avec les membres de la Commission administrative et nos professeurs, nous vîmes se dérouler une petite scène aussi touchante que simple. M. le Ministre de la Guerre, qui n'avait consenti à résilier sa mission de résident général du Maroc que pour accepter par devoir les importantes fonctions ministérielles du département de la Guerre, s'approcha de deux tirailleurs marocains gravement mutilés et leur épingla sur la poitrine la médaille militaire et la croix de guerre. Ce fut un geste auquel personne ne resta insensible, car tout en étant heureux de voir récompenser le courage de nos braves tirailleurs, nous comprîmes combien le général Lyautey avait conservé d'affection pour notre grand protectorat, à la pacification duquel il s'était tout entier donné !

En quittant l'Hôpital civil, M. le Président de la République se rendit à Jarville, où se trouvait garé le train présidentiel, et remit au commandant Brocard, de la fameuse escadrille « Les Cigognes », la croix d'officier de la Légion d'honneur, et, au valeureux Guynemer, son troisième galon de capitaine, en même temps que la croix blanche de Russie lui était remise par le colonel Ignatief.

Quelques jours auparavant, la glorieuse escadrille des « As », tant vantée dans nos communiqués pour ses héroïques exploits, était, en effet, apparue en Lorraine.

A peine était-elle arrivée qu'un des siens, le lieutenant de la Tour, tomba malade. Transporté à notre pension Bon-Secours, il reçut pendant quelques semaines les soins assidus que réclamait son état.

Unis dans l'adversité comme dans l'accomplissement du devoir, ces jeunes héros formaient une famille où chaque membre se devait l'un à l'autre pour le partage des joies et des peines. Aussi pendant sa maladie, le lieutenant de la Tour fut-il entouré de l'affection de ses bons camarades qui, à tout instant, venaient le voir et lui raconter leurs exploits du jour. Ce fut pour nous l'occasion d'apprendre à les bien connaître et à apprécier la noblesse de leurs sentiments. Il n'en est pas un des Brocard, des Guynemer, des Heurtaux, des Deullin, des Dorme, des Augé, qui ne nous ait gardé une profonde reconnaissance pour les soins dont nous avons entouré leur camarade de la Tour. Que de lettres, que de témoignages de gratitude ne nous envoyèrent-ils pas après leur départ ! Pourtant, en venant le 22 mars nous faire leurs adieux, ils nous avaient déjà donné une preuve de leur estime et de leur reconnaissance qui nous avait bien vivement touchés, en nous signant un procès-verbal de leur passage. C'est ce document exposé à l'Hôpital civil sous forme de tableau dans le cabinet du Vice-Président de la Commission administrative, que nous donnons ci-contre en reproduction. Nous y attachons d'autant plus de valeur qu'après son départ de Lorraine, la valeureuse escadrille fut cruellement éprouvée par la mort au champ d'honneur du capitaine Guynemer, des lieutenants de la Tour et Augé et du sous-lieutenant Dorme, sans compter les graves blessures du capitaine Heurtaux et du lieutenant Deullin.

Après deux semaines de recherches, les démarches multiples effectuées de tous côtés par la Commission administrative pour trouver un établissement susceptible de convenir au transfert de l'hospice Saint-Stanislas avaient fini par donner un résultat satisfaisant. Après avoir parcouru toute la région de Mirecourt, la Commission avait appris que l'ancien couvent de Sion, situé sur la colline du même nom, entre Mirecourt et Nancy, devait être libre. Cet important établissement, qui pouvait convenir à merveille, appartenait à une société civile relevant de l'autorité diocésaine de Nancy. Mme la Supérieure de l'Hôpital civil, Sœur Louise, fut donc priée de bien vouloir faire une démarche auprès de l'Évêque de Nancy, Mgr Turinaz, pour tenter d'obtenir la cession du couvent. En l'absence du vénérable prélat, Mme la Supérieure fut reçue par MM. les Vicaires généraux du diocèse, qui consentirent immédiatement à mettre l'établissement de Sion à la disposition des hospices.

Toutefois, l'occupation du couvent par nos enfants devait empêcher les Pères qui le géraient de recevoir les colonies scolaires qui, chaque année, s'y rendaient, ainsi que des associations pieuses et quelques vieux prêtres qui y séjournaient de temps à autre pour faire une retraite. C'était, de ce fait, supprimer la petite source de revenus qui permettait à la société civile de faire face aux frais d'entretien annuels de l'immeuble et de ses dépendances.

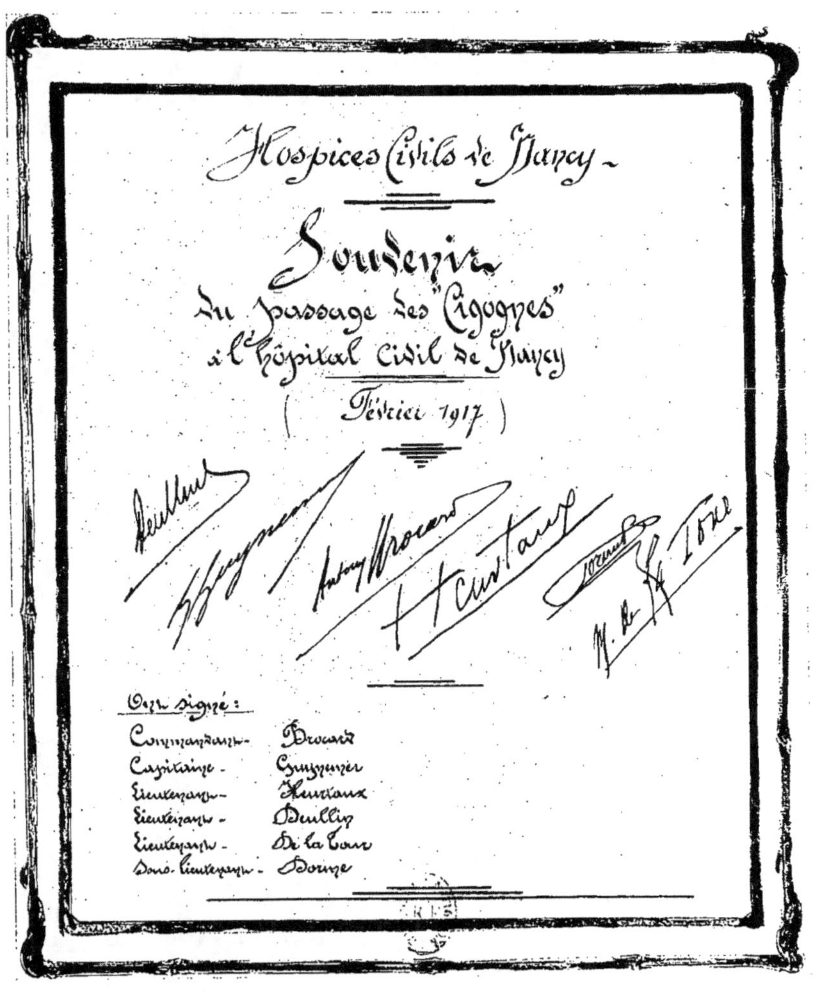

REPRODUCTION DU TABLEAU
SIGNÉ PAR LES AS DE L'ESCADRILLE « LES CIGOGNES »
A L'OCCASION DE LEUR PASSAGE A L'HOPITAL CIVIL.
(FÉVRIER 1917)

Il y avait donc lieu de chercher un terrain d'entente et d'accommodement sur cette question et sur bien d'autres encore, relatives à l'occupation.

La Commission administrative désigna à cet effet son ordonnateur, M. Albert Jambois, avec mission de procéder à l'examen de ces questions avec MM. les Vicaires généraux et M. le chanoine Simon, secrétaire de l'Evéché, membre de la société civile.

Dès sa première entrevue, M. Jambois rencontra auprès de ces Messieurs des dispositions tout à fait bienveillantes. Après étude de la situation du couvent de Sion, il fut établi que les frais généraux restant à la charge de la société civile s'élevaient annuellement à la somme de 6.000 fr., qui pourrait être compensée au moyen d'un versement, par les hospices, d'une location annuelle de même importance. Il fut décidé que des travaux d'amélioration de l'immeuble et même de transformation pourraient être apportés par les hospices civils, mais sous la réserve qu'au départ de Sion, de l'Orphelinat Saint-Stanislas, les locaux seraient remis à l'état primitif, à moins que le maintien de certains travaux, constituant des améliorations, soit demandé par les propriétaires, qui recevraient dans ce cas satisfaction. On reconnut enfin la nécessité, pour les hospices, de contracter une assurance incendie pour garantir les locaux qu'ils occuperaient et les objets mobiliers qu'ils y transféreraient.

M. Jambois, ayant fait part à la Commission administrative des résultats de son échange de vues avec MM. les Vicaires généraux et M. le chanoine Simon, vit ses propositions ratifiées aussitôt par ses collègues. Les termes d'un contrat à passer entre les hospices et la société civile furent arrêtés sans plus tarder et, quelques jours plus tard, le contrat signé par les parties intéressées était approuvé par M. le Préfet de Meurthe-et-Moselle.

Cette première et très importante question réglée, il restait encore de très ardus problèmes à résoudre. Une visite du couvent, faite quelques jours auparavant par le Vice-Président et plusieurs membres de la Commission, avait d'ailleurs fait apparaître tout de suite les difficultés que l'on rencontrerait pour mettre à l'exécution le projet du transfert de nos enfants. Il fallait tout d'abord faire d'importants travaux d'aménagement dans les locaux et trouver les moyens de transporter, dans ce but, des matériaux de Nancy à Sion, alors que la distance entre ces deux localités n'était pas inférieure à 35 kilomètres, sans oublier de tenir compte de la difficulté d'accéder par un chemin abrupt et rocailleux à l'établissement situé sur la colline, à environ 500 mètres d'altitude. Il fallait songer ensuite aux moyens à employer pour transporter tout le mobilier de l'hospice Saint-Stanislas (aussi bien celui des dortoirs, réfectoires, classes, ouvroirs, ateliers que celui des cuisines, caves et buanderie). Il fallait, enfin, prévoir le transfert des enfants eux-mêmes, depuis les petits en maillots jusqu'aux plus grands, et ensuite résoudre l'important problème du ravitaillement quotidien.

La Commission avait, en outre, jugé prudent de profiter de cette organisation projetée pour prévoir, à Sion, celle d'un service spécial réservé aux vieillards les plus impotents de l'hospice Saint-Julien qui, à chaque bombardement, n'étaient pas toujours faciles à descendre dans les abris.

Parallèlement aussi à ses pourparlers avec l'Évêché, la Commission s'était adressée à M. le général Gérard, commandant la 8e Armée, pour s'assurer le concours de son service automobile dans le futur transfert. La Commision avait rencontré auprès du Général une bienveillance dont nous lui gardons une reconnaissance d'autant plus profonde, qu'en maintes circonstances il tint à nous la continuer et même à nous l'accorder très largement. Le général promit ses voitures et chargea un de ses officiers d'état-major d'arrêter avec nous tous les détails de l'évacuation.

Ces deux concours acquis, la Commission décida d'entreprendre aussitôt les travaux et pria son vice-président, M. Krug, de bien vouloir, avec son expérience consommée des affaires, en prendre la direction.

Les matériaux ayant été réunis, on les transporta par des camions automobiles sur la colline de Sion, pendant que l'architecte des hospices, M. Biet, s'y tenait en permanence avec une équipe d'ouvriers. Chaque matin, quel que soit le temps qu'il fit, M. le président Krug se faisait conduire au couvent pour donner ses instructions à l'architecte, arrêter tous les détails de l'aménagement, examiner les travaux effectués et prendre toutes les décisions utiles.

Pendant ce temps, à Nancy, à l'hospice Saint-Stanislas, ainsi qu'à l'hospice Saint-Julien, on travaillait fébrilement à la préparation du transfert. Le linge et les effets étaient empaquetés, la vaisselle et les menus objets étaient emballés, l'outillage de travail ramassé et tenu prêt à être emporté, les lits démontés, etc., etc.

Par précaution, la Commission administrative avait cru devoir prendre l'avis des familles avant de procéder au transfert des petits orphelins. Une lettre avait été envoyée à chacune d'elles, à laquelle la réponse se donnait par la signature d'un bulletin tout préparé. Il faut ajouter qu'à part quelques rares exceptions, motivées d'ailleurs par des considérations toutes spéciales, les familles, trop heureuses de voir mettre leurs enfants en sécurité tout en les laissant entre bonnes mains, acceptèrent sans hésiter. Dès le début de l'examen du transfert, l'Inspection départementale de l'Assistance publique nous avait, de son côté, prié de bien vouloir comprendre dans notre évacuation ses pupilles en bas âge et ceux en âge de scolarité qui étaient à cette époque fort nombreux à l'hospice dépositaire. L'Inspection n'avait, en effet, désiré ne pas voir emmener à Sion que les pupilles en âge d'être placés pour travailler, qu'elle fit hospitaliser en attendant à l'asile des réfugiés de la caserne Molitor.

Enfin, il s'était à peine écoulé trois semaines du début des pourparlers entamés avec l'Évêché à la mise en état des locaux, que déjà toute l'évacuation était prête à être exécutée. Il fallait maintenant entreprendre le transfert du mobilier, puis celui des enfants.

Le 9 mars, le déménagement était commencé avec une quarantaine de gros camions militaires, ayant à leur tête, pour les diriger, un lieutenant et un sous-lieutenant du service automobile de l'armée. Les 10 et 11 mars, les transports continuaient, et le 12, se terminaient, en même temps que dans une trentaine d'ambulances sanitaires de la 8ᵉ armée une cinquantaine de nos vieillards les plus impotents, nos petits orphelins et nos jeunes assistés, partaient en deux convois sur Sion, où le dernier gagna la colline vers 4 heures du soir, pendant que les cloches de la basilique étaient sonnées à toute volée par les Pères pour saluer l'arrivée de notre petite colonie hospitalière. La partie la plus ardue de la tâche venait d'être exécutée ; il fallait maintenant s'organiser.

M. le général Gérard voulut bien consentir à nous laisser, pendant quelques jours encore, quatre camions que nous utilisâmes au transport de quelques objets restés à Nancy. On entreprit aussi la constitution de stocks de provisions diverses et surtout de bois de chauffage, car on était encore en hiver. Si en été, en effet, le site est charmant sur la colline inspirée, l'hiver, en revanche, s'y fait sentir rigoureux et long.

Il faut ajouter, pour être complet, que dans le but de rendre service à la Congrégation des Sœurs de Saint-Charles et remercier Mme la Supérieure générale de ses attentions particulières à l'égard de nos hôpitaux, la Commission administrative avait accepté de lier au transfert de ses orphelins et de ses assistés celui de quelques vieilles sœurs malades, dont bon nombre, d'ailleurs, avaient autrefois servi dans nos établissements, pour les installer aux frais de la Congrégation dans un petit immeuble loué par elle sur la colline de Sion.

L'installation de notre petit monde au couvent fut rapidement terminée, car chacun y mit du sien, tant sœurs, surveillants et bambins étaient contents de ne plus avoir devant les yeux le gros cauchemar du déménagement ! Au surplus, les enfants qui aiment à s'ébattre et à s'amuser allaient avoir pour cela un grand plateau ensoleillé, agrémenté de superbes allées d'ombrage. Et puis, plus de bombardements, plus d'alertes, plus de veilles ; au contraire, de la tranquillité, des nuits calmes et du bon air. Ce tableau souriait à merveille à nos jeunes pensionnaires.

Au bout d'une semaine, tout le service était reconstitué. Le jour même de l'arrivée, la cuisine avait fonctionné, et les lits s'étaient campés. Le lendemain, c'était le tour des réfectoires et de la buanderie ; puis celui des ouvroirs et des salles de classe ; enfin, celui des ateliers.

Une question non dépourvue d'importance dut faire l'objet d'un examen attentif de la Commission administrative : ce fut celle de l'instruction classique des enfants.

À Nancy, nos pupilles étaient chaque jour conduits à l'école communale du quartier Saint-Nicolas. A Sion, aucune commodité de ce genre n'existait. On ne pouvait songer à faire descendre les enfants deux fois par jour de la colline pour les envoyer à l'école de Saxon, et les faire remonter pour prendre leurs repas. Si les aînés eussent pu faire facilement le trajet, les plus jeunes y eussent trouvé, par contre, une fatigue excessive que nous devions leur éviter. Les locaux de l'école de Saxon auraient d'ailleurs été bien trop étroits et il aurait été matériellement impossible à l'unique instituteur communal de cumuler un pareil service avec celui de ses propres enfants. Il fallait donc improviser.

La Commission administrative, après avoir réfléchi à cet important problème, trouva une fois de plus une précieuse ressource dans les bons offices des Sœurs de Saint-Charles. Trois des religieuses attachées à l'hospice Saint-Stanislas étaient titulaires de leur brevet : deux possédaient le brevet simple, la troisième le brevet supérieur. Il n'y avait plus à chercher, la solution était là. On procéda au groupement des élèves, et quatre classes furent organisées. Les petits orphelins furent confiés à Sœur Suzanne Reitz ; les petites orphelines à Sœur Céline Lassausse, et les petits garçons et les petites filles assistés à Sœur Romarie Amann, avec le concours d'une autre religieuse de l'établissement, Sœur Pauline Chevilley. C'est ainsi que l'instruction scolaire de nos pupilles n'eut pas plus à souffrir de leur éloignement de Nancy que leurs cours d'apprentissage.

M. le Préfet, tenu au courant des dispositions prises par la Commission, s'empressa de son côté de les ratifier.

Nous ne voulons pas nous étendre sur tous les détails d'une organisation aussi complexe que celle d'improviser un établissement de 300 personnes dans un immeuble non préparé pour cela et situé à 35 kilomètres du centre d'action de la maison dirigeante. Ce serait trop long et risquerait de charger notre travail. Cependant, nous pensons qu'il convient de relater quelques travaux principaux d'un caractère tout spécial.

Le couvent de Sion n'étant alimenté en eau que par une source peu abondante, suffisante seulement pour la population habituelle du couvent, l'attention de la Commission fut dès le début du transfert attirée sur cette lacune principale. Le débit d'eau nécessaire à la cuisine, à la buanderie, aux soins de propreté et d'entretien d'une aussi vaste colonie, était extrêmement importante et demandait une étude immédiate. La Commission n'eut là qu'une ressource : celle d'avoir encore recours à M. le général Gérard pour obtenir le concours du génie de la 8e armée. Le général se prêta avec empressement à nous tirer d'embarras et envoya un colonel du génie pour examiner la question avec nous. Le colonel crut d'abord se rendre compte, par l'étude géologique de la colline de Sion, qu'il pourrait, à une certaine profondeur, d'une cinquantaine de mètres probablement, trouver une nappe d'eau suffisante pour alimenter l'établissement. Toutefois, il proposa d'abord d'installer des tuyaux de fonte qui, au moyen d'une pompe refoulante, monteraient l'eau de Saxon sur la colline, et de procéder ensuite à des travaux de sondage. Cette proposition ayant reçu l'agrément de M. le général Gérard et celui de la Commission administrative, les travaux furent commencés.

Au bout de quelques jours l'eau arrivait à Sion au moyen de l'installation provisoire envisagée, et le sondage était commencé sous la direction de M. le capitaine Salmon, officier du génie. Malheureusement, les prévisions premières ne se réalisèrent pas ; au lieu de trouver de l'eau à 50 mètres de profondeur, il fallut creuser progressivement jusqu'à 250 mètres. Ce fut un énorme travail, qui demanda bien des efforts et de la persévérance de la part du génie. Il fut d'autant plus pénible qu'au fur et à mesure qu'il s'avançait, on se demandait si une solution satisfaisante couronnerait la peine qu'il donnait. Le résultat ne fut cependant pas complètement négatif, car le travail terminé on arriva, au moyen d'une pompe, à se procurer l'eau nécessaire à l'alimentation de la buanderie, aux soins de propreté des enfants et à l'entretien des locaux, pendant que l'eau de la source fut réservée strictement à la cuisine et à la consommation. Une création d'un caractère tout spécial, à laquelle dut procéder encore la Commission, fut celle d'un petit cimetière. Si lugubre qu'elle puisse paraître, elle était indispensable.

Si, en effet, l'état sanitaire de la population de nos jeunes orphelins, et même des enfants assistés était des plus satisfaisant, la mortalité des petits poupons assistés reçus en dépôt était, à Sion, ce qu'elle était auparavant à Nancy, et ce qu'elle est dans tous les hospices dépositaires. Débiles pour la plupart à leur naissance, fréquemment atteints d'affections héréditaires des plus graves, ces enfants restent souvent rebelles aux soins maternels qui leur sont donnés. De plus, il était inévitable qu'en raison de leur grand âge et leur particulière impotence, nous ayons à enregistrer quelques décès parmi les vieillards que nous avions transférés sur la colline. C'est pourquoi la Commission songea à organiser, après avoir pris l'avis de M. le professeur Macé, directeur départemental d'hygiène, et y avoir été autorisée par M. le Préfet, un petit cimetière particulier. Les Pères voulurent bien mettre à notre disposition dans un coin ombragé, à quelque distance de l'immeuble, une petite bande d'un terrain qui leur appartenait. On y donna un caractère décent, en le dotant d'un entourage léger et en plaçant au milieu du terrain une croix sur piédestal.

Enfin, une dernière organisation importante, que dès le début il avait fallu résoudre, avait été celle du ravitaillement.

Outre le transport des stocks de houille, de charbon, de vin, d'huile, de vinaigre, etc., il y avait à faire parvenir chaque jour à Sion le pain, la viande, les légumes frais, les objets de menue épicerie, ainsi que toutes les petites commandes de l'orphelinat. La Commission utilisa pour cela une voiture automobile dont lui avait fait don M. Jérôme Lévy, l'un de ses membres, en la faisant transformer en camionnette. La question du lait avait été résolue par suite de la proximité de la colline d'un dépôt de la Laiterie Saint-Hubert, qui chaque matin montait la quantité nécessaire à à nos enfants.

Chaque jour, notre camionnette quittait Nancy chargée de provisions et rentrait le soir en rapportant le courrier administratif et les commissions du personnel, après avoir parcouru une distance dont l'aller et retour atteignait 70 kilomètres.

Pendant que notre population infantile était ainsi mise à l'abri du danger, l'hospice Saint-Stanislas recevait à Nancy l'affectation qu'on lui avait prévue. Une religieuse de l'établissement, Sœur Madeleine Klingenberg, était restée avec deux ou trois vieilles servantes pour la garde de la maison où l'on transféra les écoles de filles Drouin et du quartier Saint-Nicolas, ainsi que la crèche maternelle de la rue Charles-III et la crèche Saint-Nicolas. Quelques orphelins, apprentis jardiniers ou menuisiers, avaient en outre été conservés à Nancy. Ils travaillaient dans la journée sous la direction de leurs chefs respectifs à l'hospice Saint-Stanislas, et prenaient leurs repas et couchaient à l'hospice Saint-Julien.

Toutes les dispositions prises, tant en ville par la Municipalité et l'Autorité préfectorale, que, dans nos hôpitaux par la Commission administrative, avaient été sagement inspirées.

Les bombardements aériens devenaient, en effet, de plus en plus terribles. Les alertes se succédaient les unes aux autres avec une fréquence parfois déprimante. La population, avertie par le tocsin et les sirènes quelquefois trois ou quatre fois par nuit, en était réduite à coucher dans les caves, où beaucoup avaient campé des lits et s'étaient même installé de petits appartements.

Dans nos hôpitaux, dès qu'une nuit était quelque peu étoilée, nous descendions par précautions tous nos malades dans les abris de bombardements, où le personnel couchait également. Cependant, notamment par les temps sombres ou pluvieux, les Boches nous laissaient quelques nuits de répit que nous savions fort apprécier.

Bien qu'il n'y eut pas d'opérations importantes sur notre front, l'emploi des gaz asphyxiants, dont plusieurs communes en avant de Nancy avaient ressenti les effets néfastes, avait amené le Service de Santé à prendre certaines dispositions spéciales dans les formations sanitaires de la place, d'autant plus qu'il était toujours à redouter que l'ennemi nous lançât, un jour ou l'autre, quelques bombes renfermant des gaz de cette nature. Des équipes furent notamment constituées, dont le rôle plus particulier était de se porter dans chaque établissement au secours des malades atteints.

Composées d'un médecin major et d'un certain nombre d'infirmiers, elles furent dotées de masques, pourvues de trousses médicamenteuses et d'un pulvérisateur Vermorel, destiné à annihiler par aspersion l'effet des gaz dans les abris et les locaux. Dans nos hôpitaux, trois équipes furent organisées : une première, à l'Hôpital civil ; une deuxième, aux hôpitaux H.-Maringer et Villemin ; et une troisième, à l'hôpital de l'ancien Grand-Séminaire.

Cette vie de tribulations et d'excessives fatigues ne pouvait durer sans amener chez certains de l'épuisement physique et même moral. On ne peut certes faire un gros reproche, à ceux qu'aucune obligation ne retenait à Nancy, de s'être éloignés momentanément de cette vie de tourmente et de perpétuelle menace.

Dans nos hôpitaux, le moral resta bon, et à part quelques employés malades que nous dûmes évacuer sur notre hospice de Sion, nous pouvons dire que chacun resta bravement à son poste.

Malheureusement, la volonté de tenir ne suffisait pas ; il fallait pouvoir ; et c'est justement pour avoir voulu braver trop longtemps la fatigue et les émotions, qu'en 1917, quatre de nos collaborateurs succombèrent à la tâche.

Le 11 mai, c'était d'abord notre pharmacien-chef, M. le docteur Guérin, professeur à l'École supérieure de Pharmacie de Nancy. M. le docteur Guérin était à la tête de notre pharmacie depuis près de dix-sept ans. Malgré l'actif dévouement des Sœurs de Saint-Charles attachées à son service, qui s'efforçaient de le lui alléger le plus possible, il avait dû supporter un très gros surmenage depuis le début de la guerre. La perte ensuite, au champ d'honneur, d'un fils bien-aimé, les graves blessures d'un second auquel il fallut faire l'amputation d'un bras, eurent tôt fait d'avoir raison d'une santé déjà fort ébranlée. Après quelques semaines de maladie, alors qu'il semblait être encore à même de réagir, M. le docteur Guérin vint le matin comme d'habitude assurer son service à l'Hôpital civil ; mais, pris soudain d'un malaise, il fallut le transporter en hâte à son domicile, où il expira quelques heures plus tard.

Le 7 juillet, nous avions à déplorer la mort de Sœur René Eyraud, attachée au service dentaire et à celui de la radiographie. Quelques mois après, le 10 novembre, c'était celle de Sœur Alphonsine Simon, attachée depuis plus de trente ans à l'Hôpital civil, et, le 26, celle d'une de nos petites infirmières du service des voies urinaires, Mlle Marie Dietrich.

Ajoutons qu'après le décès du regretté M. le professeur Guérin, les fonctions de pharmacien-chef furent assurées, à titre tout à fait intérimaire, pendant quelques semaines, par un membre de la Commission administrative, pharmacien lui-même, M. François, et qu'ensuite, jusqu'à la fin des hostilités, le service fut confié à des pharmaciens militaires. Il le fut d'abord à M. le pharmacien aide-major de 1re classe Blaise, puis à M. le pharmacien aide-major Poullain. Ce n'est en effet qu'après la signature de l'armistice que la Commission procéda au remplacement définitif de M. le docteur Guérin, par la nomination de M. le professeur Grélot, de l'École supérieure de Pharmacie de Nancy.

Relatons qu'au milieu de nos tourments et de nos angoisses, il est une visite qu'il nous fut très agréable de recevoir. Nous voulons parler de celle de M. le général de division Currières de Castelnau, le vainqueur du Grand-Couronné.

M. le général de Castelnau, qui avait jadis commandé à Nancy le 37e régiment d'infanterie, où il avait laissé le souvenir de ses hautes vertus militaires, n'était pas un inconnu pour nous. C'était, au contraire, un de nos grands chefs militaires particulièrement estimé et respecté, pour qui tous les Nancéiens ont, depuis les batailles du Grand-Couronné, gardé de plus une profonde reconnaissance. Quand il passait à Nancy, il aimait de temps à autre à venir jusqu'à l'Hôpital civil, causer un peu avec nos blessés, recueillir leurs impressions et leur distribuer du tabac et des douceurs.

Nous reçûmes aussi fréquemment la visite de Mgr Turinaz, évêque de Nancy, dont l'ardent patriotisme s'est à Nancy, pendant trente ans, si souvent affirmé. Malgré son grand âge et le début d'une maladie qui devait le priver de la joie de voir plus tard le jour de la victoire, le vénérable prélat de la frontière, dont nous saluons la mémoire, aimait à venir visiter nos blessés aussi souvent que son état de santé et les devoirs de son ministère le lui permettaient.

Son coadjuteur, qui après sa mort devint son successeur, Mgr Ruch, le vaillant aumônier du 20e Corps, ne manqua jamais également à ses passages à Nancy, de venir visiter nos blessés et nos victimes des bombardements.

Parmi les personnalités nancéiennes qui vinrent encore, au cours de la guerre, visiter nos hôpitaux et dont nous n'avons pas encore parlé, citons plus particulièrement les noms de MM. Lebrun, ministre du Blocus et des Régions libérées, député de Meurthe-et-Moselle ; Chapuis et de Langenhagen, sénateurs ; Louis Marin, député ; Adam, recteur de l'Université de Nancy ; Célice, premier président de la Cour d'appel de Nancy.

Notons aussi la visite de Mgr Lenauth, archevêque d'Alger ; de M. Brisac, directeur de l'Assistance et de l'Hygiène publiques au Ministère de l'Intérieur ; de MM. les Inspecteurs généraux au Ministère de l'Intérieur Monod et Faivre ; de M. de Monthoy, vice-président de la Commission administrative des hospices de Beaune (Côte-d'Or). Ajoutons encore celles de M. le médecin inspecteur général Delorme ; de MM. les généraux de division de Torcy et Claret de la Touche, commandants successifs de la 20e Région ; de MM. les généraux de brigade de la Masselière, Fournery, Faës, Renaud et Julian, commandants successifs de la 1re subdivision de la 20e Région ou de la place d'armes de Nancy ; de M. le général de brigade Daugan, commandant la division marocaine ; de M. le médecin inspecteur Haasler, chef du Service de Santé de la 7e armée ; de M. le médecin inspecteur Boppe, directeur du Service de Santé de la 8e armée ; de M. le médecin inspecteur Trifaud et de M. le médecin principal de 1re classe Bergasse, directeurs successifs du Service de Santé de de la 20e Région ; de M. le colonel de Montlebert, défenseur héroïque, en 1914, de la colline de Sainte-Geneviève sur le Grand-Couronné de Nancy ; de M. le commandant Paul-Boncour, ancien ministre, attaché à l'état-major de la 8e armée ; de M. le capitaine Vuillemin, le célèbre aviateur, etc., etc.

En dehors de nos œuvres particulières, nous nous sommes aussi toujours efforcés pendant la guerre de nous associer dans la mesure de nos moyens, et autant que notre rôle hospitalier nous le permettait, aux différentes œuvres patriotiques et nationales. Pour ne faire allusion qu'à l'une d'elles, nous ne parlerons que de la collecte de l'or. Dès 1915, à l'appel du Gouvernement, il se constitua à Nancy, comme dans toutes les villes de France, sous la présidence de notre collègue M. Albert Jambois, conseiller général, un Comité de l'Or, dans le but de recueillir la précieuse monnaie en l'échangeant contre du papier-monnaie. Le pays avait, pour poursuivre la guerre, besoin de passer de nombreux marchés à l'étranger, qu'il lui fallait payer en espèces sonnantes. C'était, pour tout bon Français, un devoir de répondre à l'appel de ses gouvernants, que nos compatriotes lorrains surent remplir comme il convenait. Bien que notre département ait été en partie envahi ou évacué, la somme que recueillit le Comité pendant son temps d'action fut extrêmement importante et nos établissements apportèrent leur participation à cette œuvre en versant, pendant les années 1915, 1916 et 1917, une somme qui ne fut pas inférieure à 40.000 francs. Cette somme fut recueillie par nos sœurs et nos employés, plus particulièrement auprès de notre petit personnel qui n'hésita pas à se séparer des belles pièces péniblement amassées et précieusement cachées.

C'est encore au cours de cette année 1917 que l'attention du commandement de la 8e armée commença à être attirée plus spécialement sur Nancy. Le général Gérard estima en effet que le moment était venu de récompenser certains actes de bravoure et de dévouement. Pour remettre les récompenses, le Général commandant aurait pu choisir une des places de Nancy, notamment la place du Palais du Gouvernement. Par une attention toute particulière pour nos blessés et nos hôpitaux qu'il aimait bien, attention à laquelle nous fûmes fort sensibles, M. le général Gérard nous offrit de faire ses prises d'armes, effectuées presque toujours sous ses ordres, dans la cour d'honneur de notre Hôpital civil. C'est ainsi que nous vîmes remettre, le 21 juin, la croix de guerre avec palme à M. le médecin aide-major de 1re classe Donnadieu, médecin adjoint du Service de Santé de la Place de Nancy, et à quatre de ses courageux infirmiers; puis, le 19 octobre, la même distinction au médecin-chef de ce service, M. le médecin principal de 1re classe Dubujadoux. Le 30 octobre, c'était le tour de quatre dames infirmières de la Société de Secours aux Blessés militaires qui recevaient la croix de guerre avec citation à l'ordre du régiment pour leur belle conduite à la cantine de la gare au cours des violents bombardements des 16 et 17 octobre précédents.

La satisfaction que nous procuraient ces cérémonies, si touchantes dans leur simplicité, fut particulièrement vive pour nous, quand le 19 novembre, M. le général Gérard vint officiellement remettre à deux de nos distingués et dévoués professeurs de la Faculté de Médecine, MM. les docteurs Vautrin et Haushalter, la croix de chevalier de la Légion d'honneur.

MM. les professeurs Alexis Vautrin et Paul Haushalter avaient, depuis le début de la guerre, dirigé de très importants services militaires dans nos hôpitaux, sans compter les fonctions remplies par eux dans d'autres formations de la ville. Le premier était resté à la tête d'un de nos principaux centres de chirurgie générale, pendant que le second avait assuré la direction médicale de l'hôpital Villemin.

Comme tous leurs collègues attachés à nos hôpitaux, ils avaient fait bénéficier nos blessés et nos malades de leurs hautes connaissances techniques et avaient apporté l'un et l'autre dans leurs fonctions un dévouement allant même jusqu'au sacrifice de leur santé, qui s'en était particulièrement altérée. Il est certain que nous aurions vu très agréablement récompenser aussi tous les précieux services de tous nos autres professeurs, car tous avaient rempli leur devoir avec le même patriotisme et une égale élévation de sentiments. Mais les récompenses n'étaient accordées qu'avec parcimonie et, pour leur attribution, il fallait s'appuyer sur l'ancienneté et l'importance des services rendus.

C'est à ces titres que, par décret en date du 28 octobre 1917, MM. les professeurs Vautrin et Haushalter furent promus, sur la proposition de M. le Ministre de la Guerre, à la dignité de chevalier de la Légion d'honneur, dont le

19 novembre M. le général Gérard vint leur remettre les insignes.

Entourés des membres de la Commission administrative et d'un certain nombre de hautes personnalités de Nancy, dont nous citerons plus particulièrement les noms de M. Mirman, préfet; de M. Gustave Simon, maire; de M. Adam, recteur; de M. le professeur Meyer, doyen de la Faculté de Médecine; de nos professeurs et leurs élèves, de nos sœurs, de notre personnel et de nombreux malades et blessés, MM. les professeurs Vautrin et Haushalter reçurent, en présence de leurs familles, les insignes de leur nouveau grade.

En remettant ces deux hautes distinctions, M. le général Gérard voulut bien aussi accrocher sur la poitrine d'un de nos braves infirmiers, Jacques Cazaban, blessé au cours des batailles de Champenoux en septembre 1914, la croix de guerre qui venait à ce titre, par régularisation tardive, de lui être concédée avec citation à l'ordre de la division.

Nous ne voulons pas relater les actes de courage et les services qui furent officiellement reconnus au cours de cette année terrible, sans citer encore les noms de plusieurs de nos collaborateurs dont le dévouement, rempli dans un cadre peut-être plus modeste mais non moins méritoire, leur valut d'être l'objet d'une récompense.

M. l'abbé Masson, aumônier-secrétaire de l'hôpital Villemin, recevait, le 9 février, la médaille de bronze des épidémies.

Mme la Supérieure de l'hospice Saint-Stanislas, Sœur Emérite Hacquart, recevait, après 30 années de service, la médaille d'argent de l'Assistance publique.

Le 14 juillet, Mlle Gabrielle Olivier, directrice de l'hôpital de l'ancien Grand-Séminaire, se voyait concéder pour la bonne tenue des jardins, qu'avec le concours de M. Henri Olivier, son père, elle avait créés dans des terrains friches, un diplôme de la Ligue française du Coin de Terre et du Foyer, rattachée au ministère de la Guerre.

Le 19 octobre, Sœur Catherine Collin et Sœur Clotilde Frémer, attachées à l'hôpital Villemin, recevaient la médaille d'honneur des épidémies; la première, celle de vermeil; la seconde, celle de bronze.

La nouvelle de ces deux dernières distinctions nous parvenait en même temps que l'arrêté ministériel qui concédait la médaille d'or des épidémies à Mme Sœur Alexandrine Pierrard, supérieure générale de la Congrégation des Sœurs de Saint-Charles.

Mme la Supérieure générale avait, avec sa Congrégation, fait un gros effort pour le pays depuis le début de la guerre. Pendant qu'à la suite de l'invasion d'une partie de nos départements lorrains, un certain nombre de maisons charitables de sa Congrégation s'étaient trouvées isolées de leur maison-mère, Mme la Supérieure générale. avait dû satisfaire à de nombreuses demandes qui lui avaient été adressées de tous côtés en vue d'obtenir des sœurs pour les hôpitaux et des formations sanitaires. Elle n'avait pas hésité à faire en faveur de nos établissements un effort particulièrement grand, en nous envoyant dès le début de la guerre toutes ses religieuses disponibles, même ses novices. N'avons-nous pas vu jusqu'à Mmes les Assistantes générales prendre le tablier blanc pour soigner nos blessés non seulement à leur ambulance de la maison-mère, mais parfois encore dans nos propres hôpitaux. De plus, à l'hôpital Villemin, beaucoup de ses sœurs avaient contracté des affections contagieuses, et dans nos divers établissements nous en avons vu succomber à la tâche un nombre bien trop élevé.

Pour tous ces titres et devant l'impossibilité de récompenser tous les mérites individuellement, la Commission administrative estimant que la médaille d'or des épidémies ne pouvait être mieux placée, avait attiré l'attention des Pouvoirs publics sur Mme la Supérieure générale, qui était la digne représentante de la Congrégation. Aussi est-ce avec une bien légitime satisfaction que nous apprîmes que M. le Ministre de la Guerre avait fait droit à notre proposition.

Rappelons aussi que M. le professeur Vautrin, avant d'être promu à la dignité de chevalier de la Légion d'honneur, avait vu par insertion au *Journal Officiel*, en date du 27 octobre, sa belle conduite portée par le Gouvernement à la connaissance du pays.

Vonlontairement, nous ne nous sommes pas étendus plus haut sur la concession de la médaille d'argent de l'Assistance publique à Mme la Supérieure de l'hospice Saint-Stanislas, désirant exposer en détail les services qui l'avaient motivée.

Sœur Emérite Hacquard devait célébrer, le 20 juin, son jubilé. Avec le cinquantenaire de sa vie religieuse, coïncidait le trentenaire de son supériorat dans notre hospice d'orphelins. Nulle occasion ne pouvait être mieux choisie pour lui donner un témoignage de la reconnaissance à laquelle elle s'était acquis des titres indiscutables par ses trente années passées au service des pauvres et des petits déshérités.

C'est alors que la Commission administrative décida de solliciter pour elle la médaille d'argent de l'Assistance publique, dont M. le préfet Mirman obtint la concession de M. le le Ministre de l'Intérieur.

Profitant du jour de fête organisé en l'honneur du jubilé de la respectée Supérieure, M. Mirman et le vice-président de la Commission, M. Krug, se rendirent le 20 juin à Sion, dans l'après-midi, pour remettre à Sœur Hippolyte la médaille qu'elle avait si bien méritée et à laquelle son extrême modestie ne l'avait cependant jamais fait prétendre.

M. Barthélémy, administrateur de l'hospice Saint-Stanislas, les y avait devancés. Il était arrivé depuis le matin à l'établissement et avait, au nom de la Commission administrative, remis officiellement à Sœur Hippolyte une superbe corbeille de fleurs naturelles en témoignage de respectueuse sympathie.

En présence de tous nos enfants, du personnel et des Sœurs de l'hospice, M. le Préfet félicita tout d'abord bien vivement Sœur Hippolyte, puis retraça, dans une superbe allocution, sa vie de devoir, de dévouement et d'abnégation. Il montra aux enfants combien leur bonne Supérieure, qui avait toujours été pour eux une excellente maman, leur était dévouée. Il les invita à s'inspirer toujours de ses sentiments élevés et à ne jamais oublier plus tard, dans la vie, les bons conseils qu'elle leur avait donnés dans leur jeunesse.

M. le président Krug remercia M. le Préfet de la marque d'estime qu'au nom du Gouvernement et en son nom personnel il avait bien voulu apporter à Sœur Hippolyte et, à son tour, félicita notre Supérieure.

Il convient de relater ici qu'après les sanglants bombar-

M. RAYMOND POINCARÉ, Président de la République
AU COURS D'UNE DE SES VISITES A L'HOPITAL CIVIL

A sa droite : M. MALVY, Ministre de l'Intérieur ; puis M. Gustave SIMON, Maire de Nancy.

A sa gauche : M. A. KRUG, Vice-Président de la Commission administrative des Hospices civils, et M. MIRMAN, Préfet de Meurthe-et-Moselle.

Derrière : M. Albert JAMBOIS, Conseiller général, Administrateur-Ordonnateur des Hospices civils ; puis les Officiers de la Maison militaire du Président.

dements des 16 et 17 octobre, au cours d'un voyage qu'elle fit à Nancy le 26 du même mois, Mme Poincaré vint à l'Hôpital civil apporter aux infortunées victimes le témoignage de sa sympathie et de sa compassion. Accompagnée de plusieurs dames amies de la haute société nancéienne, de M. le Préfet et de Mlles Mirman, Mme Poincaré fut reçue à l'Hôpital civil par M. Gustave Simon, maire, par le vice-président, M. Krug, par l'ordonnateur, M. A. Jambois, entourés de leurs collègues de la Commission administrative, de Sœur Louise, supérieure, du personnel administratif et des professeurs de la Faculté de Médecine attachés à nos hôpitaux.

Mme Poincaré parcourut nos salles, s'entretenant avec une extrême bonne grâce avec chaque victime, s'intéressant à sa santé, à son sort et à celui de sa famille ; puis, visitant nos blessés militaires, se montra à leur égard tout à fait aimable et bienveillante.

Mme Poincaré offrit à tous, victimes ou blessés, divers objets en souvenir de sa visite et, en quittant l'établissement, remit à M. le Préfet une somme de 2.000 francs pour être répartie entre les victimes nécessiteuses en traitement à l'Hôpital civil.

A cette époque, l'effet particulièrement désastreux et destructif des bombardements incitèrent encore les autorités civiles et militaires à prendre de nouvelles mesures de protection à Nancy. La Municipalité, avec l'aide de l'Armée, construisit de solides abris bétonnés dans les rues des divers quartiers pour abriter les habitants qui n'avaient pas de bonnes caves voûtées. On s'était même rendu compte que si bien voûtées qu'elles fussent, les caves n'offraient encore, devant la puissance des nouveaux engins, qu'une sécurité bien relative pour ceux qui venaient y chercher refuge. Il fallut alors entreprendre le renforcement des abris existants dans les caves des différents quartiers de la ville, en y faisant des travaux de consolidation.

Dans nos hôpitaux, nous fûmes obligés de procéder à la révision totale de nos abris, dont certains n'offraient plus assez de garanties. On étançonna et renforça les parties les plus solides, de façon à s'assurer suffisamment de points sûrs, et on abandonna certaines parties douteuses, précédemment occupées. On dut ensuite procéder au transfert, dans les sous-sols de l'hôpital Villemin, du service des contagieux de l'Hôpital civil, pour lequel on n'avait pu organiser dans ce dernier établissement aucun abri spécial, en raison de la nature de l'affection dont ses hospitalisés étaient atteints. A l'hôpital Villemin, par contre, il avait été possible de leur créer un service complet, offrant de sérieuses garanties de protection, en construisant devant les orifices des locaux de solides pare-éclats.

Devant la menace permanente qui pesait sur Nancy, qui tôt ou tard pouvait se terminer par un désastre, la Commission administrative avait, en outre, cru prudent d'attirer l'attention de M. le Maire et de M. le Préfet sur les graves responsabilités que l'on prenait en conservant sous les bombardements des agglomérations d'hospitalisés, de vieillards, d'infirmes et d'incurables qui auraient été bien mieux à l'arrière dans quelqu'établissement à l'abri du danger. Le Comité des réfugiés des villages lorrains, partageant la même manière de voir, avait également fait part à M. le Préfet des craintes que lui inspirait le maintien à Nancy des populations des asiles Molitor et Drouot. Mais, devant l'effet que pouvait causer à la population laborieuse une évacuation, même partielle, les autorités locales avaient préféré temporiser en sursoyant à toute mesure de cette nature.

Nous étions à cette époque à la fin de l'année 1917, qui nous avait ramené les intempéries de la mauvaise saison. Jusque-là, nous avions assuré, sans trop d'accrocs, le ravitaillement de notre hospice de Sion. Nous avions bien éprouvé quelques déboires avec notre petit camion auquel nous avions demandé un service intensif qui l'avait mis hors d'usage, mais M. le général Gérard nous avait tiré d'embarras en mettant à notre disposition une camionnette pour que notre service de ravitaillement ne subît aucun arrêt. La côte qui relie le village de Praye-sous-Vaudémont à la colline de Sion nous avait aussi bien souvent causé des ennuis en raison du mauvais état de son sol rocailleux, mais, avec le concours du génie de la 8e armée et une équipe de nos plus grands orphelins, nous avions fait de temps à autre quelques travaux de fortune de remise en état. De sorte que toute la période des beaux jours s'était écoulée sans inconvénients marqués.

L'automne et l'hiver, en revanche, vinrent singulièrement compliquer notre tâche.

Par la gelée ou la neige, la camionnette était obligée de s'arrêter à tout instant au bas de la côte de Sion qu'elle ne pouvait gravir : il fallait alors constituer des équipes d'enfants, pour descendre avec de petits traîneaux chercher les victuailles du jour. Nos braves gosses se prêtèrent volontiers avec leurs surveillants à cette peu agréable besogne et ainsi régulièrement le pain quotidien parvint à l'hospice qui de ce fait ne manqua jamais de rien. Combien de fois, au cours de l'hiver, apprîmes-nous par quelque coup de téléphone, souvent même bien tardivement le soir, que notre camionnette était en panne sur quelque coin du parcours. Il fallait alors partir avec une automobile de dépannage et quelquefois même avoir recours à l'autorité militaire pour nous sortir d'embarras. Toutes ces tracasseries quotidiennes nous rendaient le service pénible en ne nous laissant que peu de moments de répit.

Malgré tous ces déboires, nous ne devions pas avoir, dès les premières semaines de l'année 1918, à regretter l'éloignement de Nancy de nos enfants. Nous devions, au contraire, nous sentir déchargés d'une grande préoccupation et pouvoir plus encore apprécier le point d'appui précieux qu'éventuellement nous pouvions trouver dans notre organisation du couvent de Sion.

Évacuation de l'Hospice Saint-Julien
et d'une partie de nos Hôpitaux

(Du 1ᵉʳ janvier 1918 à la signature de l'armistice)

Dès le début de janvier 1918, l'horizon s'était subitement assombri sur notre front. L'ennemi, en quelques semaines, amenant devant Nancy de nombreuses divisions, avait opéré une concentration extrêmement importante.

Tout d'abord la population ignora la menace. Puis quelques renseignements recueillis çà et là, des mouvements de troupes et l'arrivée de renforts traversant la ville, éveillèrent petit à petit les soupçons qui s'accentuèrent au fur et à mesure que les jours s'écoulèrent.

Cependant, personne ne savait rien de bien précis, et ce n'est que vers fin janvier que chacun comprit réellement le danger que courait Nancy.

Devant la menace, le Gouvernement, à la demande du haut commandement, avait décidé de préparer en silence l'évacuation partielle de la ville. Dans ce but, il envoya un inspecteur général des services administratifs du Ministère de l'Intérieur, M. Monod, pour régler avec M. le Préfet et les autorités locales tous les détail de l'évacuation des agglomérations scolaires ou hospitalières, ainsi que celle de toutes les personnes impotentes de la ville.

Nous nous rappellerons toujours les premiers moments d'émotion que nous causa, un soir de janvier, la visite de M. Monod et de M. le Préfet. Venu avec M. Mirman pour nous entretenir de la nécessité qui s'imposait de l'évacuation de notre population de vieillards, d'infirmes, d'incurables et d'invalides de toutes sortes, l'envoyé du Gouvernement nous donna quelques précisions sur le danger imminent qui menaçait la ville.

L'ennemi attaquerait-il les positions qui couvraient Nancy ?... Le haut commandement français ne pouvait naturellement l'affirmer, mais avait tout lieu de le redouter, en raison des préparatifs effectués contre notre front.

Si en outre l'ennemi attaquait, pourrait-on, comme en 1914, le maintenir sur le Grand-Couronné ; ou, au contraire, prévoyait-on un repli de notre armée ?... Telles étaient les graves réflexions que la situation suggérait.

Devant les forces massées devant Nancy, le haut commandement avait envisagé, nous déclara M. Monod, qu'il pouvait être amené à un repli éventuel de nos troupes sur des positions proches de la ville ; mais si l'ennemi se rendait maître du Grand-Couronné, il escomptait en revanche le maintenir sur la Meurthe. Naturellement cela ne voulait pas dire que Nancy était inévitablement menacée de l'invasion, mais démontrait par contre, clairement, qu'il y avait lieu de redouter pour elle, de la part de l'ennemi, des bombardements intensifs qui l'auraient rendue intenable et l'auraient, comme destruction, soumise au sort de Reims et d'Arras.

Ces indications nous furent données sous la réserve du plus grand secret. La population ne devait pas les connaître avant quelques jours et, de même que la Municipalité devait, en accord avec M. le Préfet et le commandement de la 8ᵉ armée, préparer en silence tout un plan d'évacuation partielle et même totale de la ville, de même nous devions tout arrêter, tout prévoir, pour être prêts à évacuer nos hospitalisés au premier signal donné.

Ces nouvelles nous causèrent, comme aux autorités et aux quelques citoyens de la ville, qui les connurent au même titre confidentiel, un moment de véritable angoisse. De graves questions étaient pour nous en jeu : la sécurité de tous les malades, de tous les blessés, de tous les vieillards qui nous étaient confiés, ainsi que celle de tout notre personnel et l'existence même de nos établissements. Il fallait en conséquence réfléchir, prendre des décisions et agir dans le calme et le silence.

La communication de M. l'inspecteur général Monod, n'avait été faite qu'à M. Jambois, ordonnateur des hospices, remplaçant le vice-président M. Krug, à ce moment-là malade et retenu dans son lit, mais en présence cependant de Sœur Louise, supérieure de l'Hôpital civil, et de l'économe des hospices, M. Gauguery, qui devaient coopérer à l'exécution de toutes les mesures secrètes qui seraient arrêtées.

Une des premières préoccupations de M. Jambois fut de mettre M. le Vice-Président au courant de la situation, puis il convoqua d'urgence la Commission administrative, pour délibérer sur les graves problèmes qui se posaient.

On se mit ensuite à l'œuvre et dans l'anxiété, rendue plus pénible encore par le secret imposé, on attendit fiévreusement de recevoir de nouvelles instructions.

Entre temps, le Service de Santé de la 8ᵉ armée, à la tête duquel se trouvait à cette époque M. le médein-inspecteur Odile, dont la bienveillante sollicitude ne nous fit jamais défaut, vint nous demander de tenir coûte que coûte en cas d'attaque ennemie. Il appuyait sa demande sur l'importance qu'il attachait au fonctionnement permanent de l'Hôpital civil, qui, en cas de bombardements intensifs, devait rester le poste de secours principal de la ville. Nous répondîmes au médecin-inspecteur que nous prendrions toutes dispositions utiles pour éloigner de Nancy le personnel dont l'état de santé laissait à désirer et qui, à ce titre, pouvait être amené un jour à ne pas pouvoir supporter des émotions répétées et des fatigues excessives, mais que quoi qu'il arrive, même en cas d'invasion, il pouvait compter sur nous et nos collaborateurs. Cette vie d'anxiété n'était d'ailleurs pas strictement particulière à Nancy : quelques agglomérations proches la subissaient également. Lunéville s'était vue contrainte aux mêmes mesures et précautions et, plus encore, la pauvre cité martyre de Pont-à-Mousson. Nous avions même dû prêter le concours de nos voitures automobiles et de notre personnel pour aider, quelques jours auparavant, à sauver les objets précieux et de quelque valeur de l'hôpital de cette dernière localité.

Nous fûmes cependant bientôt déliés du secret d'une partie des renseignements qui nous avaient été confiés. Les dispositions que les autorités locales avaient été amenées à prendre en ville avaient eu vite fait de donner cours à la circulation de bruits de toute nature que M. le Maire et M. le Préfet durent ramener à de justes proportions, en donnant aux habitants quelques explications utiles et de sages conseils. D'ailleurs, peu de jours après, les évacuations partielles envisagées furent ordonnées.

Il faut avoir vécu à Nancy cette période tragique d'attente fébrile pour se rendre compte des angoisses que la population a éprouvées, angoisses rendues plus étreignantes encore lorsque l'on avait charge d'âmes et le soin de veiller à la sécurité de vieillards et de malades qui plaçaient en vous toute leur confiance et leur espoir.

Quel soulagement n'avons-nous pas éprouvé dans ces moments pénibles, en pensant à notre petite colonie qui, sans se soucier du danger que courait Nancy, continuait, dans le calme et la tranquillité, sur la colline de Sion, ses travaux et ses jeux. Aussi un de nos premiers soins fut-il de

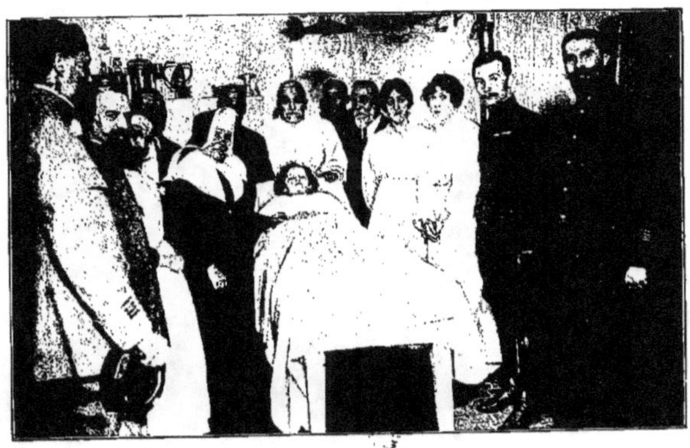

Sous les Bombardements

Une salle d'opérations organisée dans les abris souterrains de l'hôpital civil

les faire rejoindre par les quelques orphelins apprentis jardiniers et menuisiers que nous avions conservés à l'hospice
Saint-Julien.

En quelques jours toutes les dispositions d'évacuation de
la plus grande partie de la population nancéienne furent
arrêtées. Les enfants des écoles partirent en colonies, sous
la garde de leurs instituteurs et de représentants de la Municipalité, dans des établissements mis à leur disposition par
le Gouvernement sur les côtes de Bretagne et de Normandie.
Tous les vieillards, les infirmes, les impotents de toutes
sortes habitant Nancy et la banlieue furent envoyés accompagnés, par bon de transport gratuit, sur des villes de l'arrière
où ils avaient de la famille pour les recevoir, tandis que
ceux qui n'avaient pas de pied-à-terre à l'arrière furent joints
aux convois en préparation des établissements de bienfaisance. Les réfugiés des villages lorrains furent évacués sur
deux destinations : les uns sur les casernes de Caen (Calvados), les autres sur des établissements de Querqueville
(Manche). Les incurables de la Maison de Secours furent
dirigés sur des hospices de la région lyonnaise, pendant que
les enfants de l'hospice Jean-Baptiste-Thierry, de Maxéville,
partirent pour Trouville et la côte normande, pour s'installer
ensuite définitivement dans un ancien couvent de capucins
à Honfleur.

Parallèlement à toutes ces évacuations s'organisèrent celle
des vieillards et infirmes de notre hospice Saint-Julien et
celle des impotents et incurables disséminés dans nos divers
hôpitaux. Après tous ces départs, la population de Nancy
devait être ramenée au chiffre d'environ 30.000 âmes.

Après quelques jours d'intenses préparatifs au cours
desquels, d'accord avec les services de la Préfecture, nous
évacuâmes déjà sur l'Asile départemental de Semur-en-
Brionnais et celui de Bois-Sainte-Marie (Saône-et-Loire) les
impotents disséminés dans nos hôpitaux, nous fûmes prévenus, un soir, d'avoir à nous tenir prêts à évacuer toute la
population de notre hospice Saint-Julien sur une propriété
du département du Calvados. Les pensionnaires de cet
établissement nous avaient déjà quittés depuis quelques jours,
les uns ayant trouvé un refuge dans certaines maisons de

retraites de l'intérieur du pays, les autres en se retirant chez quelques personnes amies, à quelques lieues en arrière de Nancy.

Seuls quelques pensionnaires de 3e classe et notre population indigente devaient filer sur le Calvados. Cette évacuation n'en était pas moins, pour cela, très importante, puisqu'en ne laissant à Nancy que quelques religieuses et infirmières pour la garde et l'entretien de la maison, nous avions encore un chiffre d'hospitalisés et de personnel à évacuer qui atteignait 420 personnes.

Dès le lendemain 13 février, nos vieillards étaient prêts à partir dès neuf heures du matin. Chacun avait été doté d'un sac garni de victuailles pour deux jours de route. Les effets de chaque vieillard avaient fait l'objet de paquets individuels portés par l'intéressé ; enfin, une fiche personnelle relatant le nom, l'état civil et l'adresse de la famille des hospitalisés, fut accrochée au cou de chaque évacué, pour éviter toute confusion dans l'identité.

La Commission administrative, par mesure de sage précaution et d'accord en cela avec le médecin-chef de l'hospice Saint-Julien, M. le professeur Pierre Parisot, avait décidé de faire accompagner nos vieillards par les deux internes en médecine de l'établissement, M. le docteur Radisch et Mlle Béogradatz. Cette précaution ne fut pas superflue ; nous aurons l'occasion de le démontrer un peu plus loin.

Mme la Supérieure de l'hospice Saint-Julien devait aussi partir, avec presque toutes ses Sœurs, pour suivre ses vieillards et les installer dans leur nouvelle résidence. Depuis la veille au soir nous avions, en effet, obtenu des précisions et appris que nos vieux seraient évacués sur une propriété du Calvados située près de Lisieux et préparée pour les recevoir. On avait rapidement tout emballé (linge, ustensiles de ménage, un peu de vaisselle, machine à coudre, etc.), de façon à reconstituer autant que possible, dans le nouveau domaine, la vie quotidienne que nos vieillards menaient à Nancy.

Toutefois, la Commission était anxieuse et se demandait, si malgré toute la sollicitude des Pouvoirs publics, une évacuation faite avec précipitation, sous la menace du canon, ne comporterait pas quelques déboires ! Sous cet état d'esprit, elle jugea prudent, sur la proposition de son ordonnateur, M. Jambois, de faire accompagner le convoi par son économe, M. Gauguery. M. Jambois s'offrit d'ailleurs à remplir, pendant l'absence de ce fonctionnaire, les fonctions d'économe en même temps que celles d'ordonnateur.

Ajoutons ici que la Préfecture de Meurthe-et-Moselle nous avait demandé de prendre avec nous un certain nombre de vieilles femmes recueillies à l'hospice Saint-Mathieu et à la maison-mère des Sœurs de Saint-Charles.

Dès le mercredi matin, à dix heures et demie, le transport des bagages de l'hospice Saint-Julien à la gare était commencé par des voitures mises à notre disposition par l'armée américaine qui occupait, à cette époque, une partie du secteur de Lorraine. A midi, on continuait par le transfert des vieillards, auquel tout notre personnel se prêta courageusement, malgré les fatigues de la nuit précédente au cours de laquelle nous avions été violemment bombardés par avions, et vers deux heures de l'après-midi, tous nos hospitalisés étaient en gare.

Une heure plus tard, le convoi était prêt, les vieillards étaient installés dans leurs wagons et les bagages étaient chargés. Vers quatre heures, en présence de M. le préfet Mirman, de M. Martin, secrétaire général de la Préfecture, de M. Gustave Simon, maire de Nancy, de MM. Jambois, conseiller général, et Aron, conseiller à la Cour d'appel, représentant tous les deux la Commission administrative des hospices, de MM. les abbés Barbier et Jérôme, vicaires généraux du diocèse représentant Mgr l'Évêque de Nancy, de Sœur Louise, supérieure de l'Hôpital civil, et d'un nombreux personnel de nos hôpitaux, le train s'ébranlait pour filer sur Lisieux en contournant Paris par les lignes de ceinture.

Le voyage fut assez pénible. Avec une population d'évacués comme celle que nous transférions, composée de gens âgés et infirmes ou impotents pour la plupart, il eût fallu avoir à sa disposition des wagons-couloirs et un certain nombre de wagons de 1re ou 2e classe pour coucher les plus invalides et les plus souffrants.

Dans la précipitation des évacuations, alors que toute la journée partaient de Nancy, sans interruption, des trains entiers d'évacués, le nôtre avait été composé comme il avait été possible au service de gare de le faire, ce qui nous avait valu de n'avoir aucun wagon-couloir et seulement un wagon de 1re classe et deux de 2e classe.

En cours de route, il fallut de ce fait, à plusieurs reprises, faire garer notre train pour descendre la presque totalité des vieillards et les conduire aux water-closets des gares. Nous eûmes à noter quelques incidents inévitables avec la longueur du trajet. Plusieurs vieillards partis de Nancy assis, tombèrent malades au point qu'il fallut les coucher ; une de nos femmes fit une crise d'appendicite, et un de nos hommes devint même extrêmement agité. Avec le concours de nos internes, qui se montrèrent des plus dévoués, il nous fallut organiser une infirmerie dans nos trois wagons de 1re et de 2e classes, où nous transportâmes ce que nous pûmes de malades et de trop fatigués. La suite du voyage put ainsi s'effectuer sans autres incidents sérieux. A Châlons-sur-Marne et à Évreux, nos évacués furent amplement ravitaillés par les cantines de gare. Des dames de la Société de Secours aux Blessés leur apportèrent, dans leurs wagons, du bouillon chaud, du lait, du café et même du pain et de la viande.

Parti de Nancy, comme nous l'avons déjà écrit, le mercredi 13 février, à 4 heures de l'après-midi, le convoi, d'après l'horaire qui nous avait été indiqué, devait arriver à Lisieux le lendemain matin 14, à 9 heures ; mais le train ayant pris en cours de route un important retard, il n'arriva que dans la soirée, vers 3 heures 45.

A l'arrivée, une grosse déception attendait nos représentants. Nous avions envoyé nos vieillards avec la conviction qu'ils allaient dans une propriété toute préparée pour les recevoir. Nous pensions bien que le convoi rencontrerait quelques difficultés, mais nous n'avions jamais prévu que les indications qui nous avaient été données pouvaient être aussi loin de la réalité.

A la gare, nos vieillards étaient attendus par le sous-préfet de Lisieux, M. Brunel, par M. le Commissaire de police, par M. le Médecin-Chef des salles militaires de l'hospice mixte et par diverses personnalités, dont M. Desportes, administrateur d'un hospice auxiliaire de la Société de Secours aux Blessés.

Après avoir pris contact avec le sous-préfet et les personnalités présentes, notre économe, M. Gauguery, présenta Mme la Supérieure de l'hospice Saint-Julien, Sœur Marguerite Daval, les deux internes et le personnel qui les accompagnaient, puis donna quelques explications sur l'importance du transfert.

Surpris des chiffres que M. Gauguery lui énonçait, le sous-préfet eut un moment de stupéfaction qui frappa notre économe et notre Sœur Supérieure, et déclara que jamais il ne pourrait abriter tout le convoi à Lisieux. M. Gauguery lui expliqua les motifs et l'organisation du transfert, en lui donnant connaissance des instructions reçues au départ. Là, le sous-préfet resta complètement ébahi, ces déclarations n'ayant aucune concordance avec les renseignements qui lui avaient été donnés par la Préfecture de Caen. Il pensait, en effet, n'avoir à abriter, et seulement à titre provisoire, que 200 à 250 évacués qui devaient être reçus dans diverses organisations de la ville, pour être transférés quelques jours plus tard sur un autre point du département, alors qu'il en recevait 420.

Cependant, nous étions en hiver, il se faisait tard, la nuit commençait à tomber et nos vieillards, harassés par leur long voyage, s'étaient assis ou couchés sur les quais de la gare. M. Gauguery demanda au sous-préfet de prendre des mesures provisoires qui permettraient d'attendre que, le lendemain, on pût éclaircir cette situation confuse et pénible. Toutes les personnalités présentes, qui avaient d'ailleurs accepté par avance de prêter leur concours à la Sous-Préfecture, furent du même avis et, immédiatement, commença ce que nous avions toujours désiré éviter, l'éparpillement de nos vieux. Au moyen de voitures et de camions, prêtés et conduits par des personnes de bonne volonté, le médecin-chef de l'hôpital mixte prit les plus impotents et les plus malades, pendant que la majeure partie fut transférée sur des formations de la Société de Secours aux Blessés, à part 35 vieillards assez valides qui furent dirigés par chemin de fer sur l'hospice d'Orbec, situé à 35 kilomètres de Lisieux.

Il restait encore à abriter nos Sœurs de Saint-Charles et notre personnel. M. Gauguery et Sœur Marguerite Daval eurent la bonne fortune de rencontrer, en l'administrateur de l'hôpital auxiliaire n° 15, M. Desportes, avoué à Lisieux, un homme extrêmement bienveillant, qui sut à merveille s'adapter aux circonstances et se prêter à nos besoins. M. Desportes emmena nos Sœurs dans une de ses formations sanitaires, installée dans une partie de la Communauté des Religieuses de la Providence, où elles furent reçues avec un charitable empressement. Pendant ce temps, M. Gauguery logeait tout notre petit personnel en hôtel, en attendant de pouvoir, le lendemain, examiner son sort. Ces dispositions provisoires devaient permettre à nos vieillards, à nos Sœurs et à notre personnel de prendre un repos bien mérité après les émotions des jours écoulés et les fatiques du voyage.

Dès le lendemain matin 15 février, après avoir été saluer, en l'absence du maire, le secrétaire général de la mairie de Lisieux, M. Gauguery, accompagné de Sœur Marguerite, se rendit à la sous-préfecture pour s'entretenir avec le sous-préfet, de la situation. La veille au soir les vieillards avaient été casés comme il avait été possible de le faire; on était allé au plus pressé. Ils avaient besoin d'un gîte pour prendre un peu de repos, on le leur avait procuré. Mais cette situation était apparue à tous comme tout à fait temporaire, d'autant plus qu'une centaine de vieillards étaient en surnombre et ne pouvaient être maintenus où ils étaient, même momentanément. Ce fut le point qui domina ce premier entretien. Il fut alors convenu que pendant que Sœur Marguerite s'occuperait, l'après-midi, auprès de ses vieillards, de ses Sœurs et de son personnel, M. Gauguery et M. le Sous-Préfet se rendraient à l'hôpital mixte, à une réunion où ils se rencontrèrent avec la Commission administrative de cet établissement, ses fonctionnaires, son médecin-chef, ainsi que M. Desportes et diverses personnalités.

Au cours de la réunion, où la situation fut examinée attentivement, il fut estimé que le chiffre d'évacués arrivés à Lisieux était trop important pour être maintenu dans son entier, et qu'il fallait, par conséquent, envisager immédiatement un transfert partiel sur une autre destination, en attendant que la totalité fut transférée sur un établissement déterminé. M. Gauguery fit remarquer combien cette situation serait encore plus regrettable et même déplorable si nos malheureux compatriotes, pour la plupart invalides et souffrants, devaient à nouveau être transférés ailleurs. En exposant l'effet désastreux que produirait sans aucun doute une nouvelle transplantation, M. Gauguery, faisant appel aux sentiments d'humanité des personnalités présentes, les supplia d'éviter un nouveau choc moral et physique à nos pauvres vieux, en étudiant la possibilité de leur maintien à Lisieux, soit dans les hôpitaux de la Croix-Rouge, soit à l'hôpital mixte.

Personne ne fut insensible à cet appel, et le sous-préfet fut prié de demander à cet effet des instructions à M. le Préfet du Calvados.

Pendant ce temps, les bagages apportés de Nancy étaient déchargés à l'hôpital auxiliaire n° 15, où le tri en était effectué par Mme la Supérieure et ses Sœurs.

Le surlendemain, aucune solution n'étant encore intervenue, M. Gauguery fit part au sous-préfet de son intention de se rendre au plus tôt à Caen pour solliciter de M. le Préfet un entretien. M. Brunel ayant prévenu téléphoniquement son chef de cette visite, ce dernier fit connaître à M. Gauguery, par l'intermédiaire de M. Brunel, qu'il le recevrait volontiers, mais qu'il ne pouvait être question de maintenir nos vieillards à Lisieux, qui devraient très prochainement être retransférés sur l'ancien séminaire de Sommervieu, près Bayeux. Ce n'est qu'à ce moment que M. Gauguery et le sous-préfet purent, par un rapprochement d'idées, se rendre compte que la propriété dont M. le Préfet de Meurthe-et-Moselle nous avait parlé devait être celle de Sommervieu, que son collègue du Calvados avait dû offrir à M. le Ministre de l'Intérieur.

Le 18 février, M. Gauguery se rendit à Caen pour y rencontrer M. le Préfet, qu'il ne put joindre que le soir, en raison de sa présence à un conseil de révision à Bayeux. En attendant, notre économe ayant pris contact avec le conseiller de préfecture, contrôleur du service des réfugiés, M. Pérot, s'entretint longuement avec lui du transfert de nos vieillards et de leur situation à Lisieux. Au cours de la conversation, M. Pérot, confirma à notre économe qu'en effet l'ancien séminaire de Sommervieu était bien la propriété qui leur était destinée, mais qu'il ne comprenait pas que nous ayons pu supposer un seul instant qu'elle ait pu être toute organisée, alors qu'au contraire il avait été convenu avec le Ministère de l'Intérieur qu'elle était nue et que nous devions l'occuper en apportant de Nancy tout le linge et le mobilier nécessaires, même les lits, un matériel de cuisine et de buanderie. Il existait là évidemment un malentendu qu'il importait de dissiper. M. Gauguery exposa à M. Pérot que s'il prolongeait sa mission qui, administrativement, eût dû prendre fin après la remise des vieillards à M. le Sous-Préfet de Lisieux, c'était uniquement parce qu'il estimait, sachant être en cela dans les intentions de sa Commission administrative, qu'en présence de la situation confuse, le côté moral de cette mission n'était pas terminé. M. Gauguery ajouta qu'il se tenait d'ailleurs entièrement à la disposition de l'administration préfectorale pour étudier une solution qui pût amener pour nos pauvres vieux un séjour supportable en Calvados, mais à la condition cependant que l'étude en fut poursuivie activement, de façon à lui permettre de rejoindre au plus tôt son poste à Nancy où le besoin de sa présence se faisait sentir.

Introduit le soir dans le cabinet de M. le Préfet, M. Gauguery y fut reçu avec amabilité. Au cours d'un assez long entretien, le préfet du Calvados déclara qu'il ne comprenait pas le malentendu qui avait pu se produire, mais qu'il était tout disposé à étudier la façon d'y remédier.

M. Gauguery persistant dans son intention d'éviter un nouveau transfert à nos vieillards, insista une fois de plus pour leur maintien à Lisieux. M. le Préfet répondit que Lisieux n'avait pas la possibilité de conserver autant d'évacués, que son hôpital mixte était bondé et qu'au surplus le Service de Santé de Rouen ne consentirait pas à l'occupation permanente de ses hôpitaux auxiliaires, qu'il n'avait concédés que provisoirement. M. le Préfet ajouta qu'il venait d'ailleurs de demander à MM. les Ministres de l'Intérieur et de la Guerre des lits et des marmites de cuisine pour l'installation

de notre colonie à Sommervieu, et pria M. Gauguery de bien
vouloir se rendre dans cet établissement avec M. Pérot, pour
en étudier l'organisation. Notre économe comprit qu'il ne
convenait pas, pour le moment, d'insister et promit d'aller
visiter l'ancien séminaire de Sommervieu.

Le lendemain, s'y étant transporté avec M. Pérot, M. Gauguery fit, au cours de la visite, remarquer au contrôleur du
service des réfugiés du département du Calvados, l'impossibilité matérielle d'utiliser pour nos vieillards cet établissement abandonné au milieu de la campagne, à deux kilomètres environ du bourg de Sommervieu. Il n'y restait pas un
meuble; les vitres étaient presque totalement brisées et les
cheminées fort détériorées. D'une ancienne cuisine, seul
l'emplacement subsistait, et on ne voyait même pas trace de
buanderie. Il n'y avait plus de water-closets et les planchers,
par endroits, avaient été enlevés ainsi que de nombreuses
portes et fenêtres. Pour se procurer de l'eau, il n'y avait
d'autre moyen que d'aller en puiser à une fontaine au milieu
de la propriété; et enfin, en cas de remise en état et d'aménagement de l'immeuble, on ne pouvait compter y abriter
plus de 200 vieillards au maximum.

Pour parfaire cette première installation, l'administration
préfectorale du Calvados avait songé à l'ancien séminaire de
Bayeux, distant environ de 6 kilomètres du premier. En
quittant Sommervieu, M. Gauguery et M. Pérot s'y trans-
portèrent donc pour procéder à l'examen de ce deuxième
établissement.

Si l'immeuble avait l'avantage, par rapport à celui de
Sommervieu, d'être situé au milieu d'une localité de quelque
importance, par contre son habitation par des vieillards
apparut aussitôt à notre économe comme devant être encore
moins pratique. Les appartements du rez-de-chaussée d'un
pavillon central étaient totalement délabrés; seuls, ceux des
1er et 2e étages pouvaient être utilisés péniblement, ainsi
qu'un petit pavillon au fond d'une cour. Mais pour accéder
aux 1er et 2e étages du pavillon central, il fallait emprunter
un escalier en pierres usées, étroit et sombre, que nos
vieillards n'auraient jamais pu ni gravir ni descendre sans
s'exposer à de graves chutes.

Au surplus, M. Gauguery fit remarquer à M. Pérot qu'à première vue les réparations strictement indispensables pour rendre les deux immeubles habitables ne s'élèveraient certainement pas à moins d'un demi-million et demanderaient bien des mois de travaux. Enfin, deux autres questions très importantes se posaient. Comment transporterait-on d'abord les vieillards de Lisieux à Sommervieu et à Bayeux ? Il faudrait les faire conduire à la gare de Lisieux, les monter dans le train, les descendre ensuite à Bayeux pour les transporter dans l'ancien séminaire de cette localité ou remonter dans un petit chemin de fer économique ceux destinés à être placés à l'établissement de Sommervieu. Ces déménagements successifs ne pouvaient être effectués sans provoquer chez nos vieillards très âgés, et la plupart impotents, une hécatombe dont il importait d'écarter la grave responsabilité. En admettant en outre que cette expérience dangereuse eût été tentée il fallait ensuite songer au moyen de ravitailler ces deux établissements.

Ce sont ces considérations que M. Gauguery mit sous les yeux de M. Pérot, qui fut rapidement gagné à la cause du maintien de nos vieillards à Lisieux, puis, le lendemain, sous ceux de M. le Préfet de Caen.

Pendant ces journées d'études et de recherches, M. Gauguery tenait, soit par lettre soit télégraphiquement, la Commission administrative et la Préfecture de Meurthe-et-Moselle par l'intermédiaire de M. Jambois, au courant de ses démarches et de ses pourparlers et restait aussi en communication avec Lisieux où se trouvait Mme la Supérieure de l'hospice Saint-Julien.

Dans un rapport détaillé sur les établissements de Sommervieu et de Bayeux, remis avant son retour à Lisieux à M. le Préfet de Caen, M. Gauguery concluait nettement au rejet d'un nouveau transfert. Il mettait en garde M. le Préfet de Caen sur la mortalité très considérable qu'une telle opération ne manquerait certainement pas de provoquer et insistait à nouveau sur la nécessité de maintenir à Lisieux l'organisation actuelle qu'il devait être possible de rendre durable et d'améliorer.

De deux maux, il fallait choisir le moindre. Tous comptes faits, nos vieillards pouvaient avoir à Lisieux une vie supportable. En occupant de petites annexes des hôpitaux auxiliaires, on pouvait certainement les y conserver tous, exception faite, bien entendu, des 35 dirigés dès l'arrivée sur l'hospice d'Orbec. De cette façon, nos hospitalisés restaient les uns auprès des autres et il était posssible de créer une certaine organisation avec notre personnel pour aider les formations de la Croix-Rouge à assurer un service tout à fait nouveau pour elles. Pressentie par Sœur Marguerite, Mme la Supérieure générale de la Congrégation de Saint-Charles avait, de son côté, consenti, dans un but charitable, que ses Sœurs parties à Lisieux y restassent pour continuer à s'occuper de nos infortunés vieillards et leur rendre ainsi moins dur leur exil momentané. Mais Mme la Supérieure générale n'avait pu y consentir que sous la réserve que ses Sœurs continueraient à habiter la maison des religieuses de la Providence pour y former une petite communauté séparée.

Cette condition fut facile à remplir, car les religieuses de la Providence s'y prêtèrent d'autant plus volontiers qu'elles avaient, dès l'arrivée de notre colonie, compris notre embarras et eu pitié de notre détresse. Elles furent pour nos Sœurs d'excellentes compagnes, s'efforçant constamment, par la suite, de leur faire oublier leur éloignement de Nancy. Nous leur en conservons d'ailleurs une bien vive reconnaissance.

M. Desportes, administrateur de l'hôpital auxiliaire n° 15, s'était efforcé, lui aussi, d'accord avec M. Moisy, président du Comité lexovien de la Société de Secours aux Blessés Militaires, de caser tous nos vieux en surnombre. Dans une annexe de son hôpital installée dans une partie d'une abbaye, il avait, avec Sœur Marguerite et le consentement de la Mère-Prieure, procédé au transfert de toutes les vieilles femmes, pendant que les vieillards étaient groupés à l'hôpital auxiliaire de la maison-mère des Sœurs de la Providence. Quelques femmes qu'ils ne purent caser à l'abbaye furent logées dans une dépendance de la Congrégation des Dames de la Charité; de sorte qu'ils étaient arrivés à loger tout le monde. A l'hôpital mixte, après l'encombrement du début, la Commission administrative avait procédé aussi à un regroupement. Elle avait fait avec la Société de Secours aux Blessés des échanges, de façon à obtenir des services complets d'hospitalisés de même sexe. Enfin, partout on avait compris qu'il était plus intéressant de s'occuper de nos pauvres évacués que de rester, comme cela avait lieu depuis des mois entiers, avec des hôpitaux vides dans l'attente de blessés. M. Desportes et la Commission administrative de l'hôpital mixte s'étaient aussi aperçus qu'ils pourraient obtenir un certain travail de nos vieillards valides, dont certains étaient encore, malgré leur âge, d'excellents ouvriers. Le service pouvait donc être partout simplifié et, dans les formations de la Croix-Rouge plus particulièrement, être rendu plus acceptable par le concours de notre petit personnel amené de Nancy, que M. Gauguery et Sœur Marguerite avaient offert de laisser avec nos Sœurs.

La situation prenait ainsi meilleure tournure et, devant le résultat obtenu, M. Gauguery résolut de tenter une dernière démarche à la Préfecture de Caen, pour faire sanctionner l'organisation de Lisieux.

En l'absence de M. le Préfet, M. Gauguery fut reçu par M. le conseiller Pérot. Au cours de son entretien, notre économe insista vivement pour que l'intervention préfectorale s'orientât dans le sens de la nécessité du maintien de nos vieillards à Lisieux. M. Pérot, bien qu'au fond convaincu du bien-fondé de la demande, écouta sans rien promettre. Il savait que M. le Préfet avait pris connaissance du rapport que lui avait déposé M. Gauguery, rapport qui l'avait rendu hésitant et moins décidé au transfert sur Sommervieu et Bayeux, mais il savait aussi qu'aucune décision n'avait encore été prise, la Municipalité de Lisieux et la Direction du Service de Santé de Rouen n'ayant pu jusque-là être consultées.

Lisieux, avant nos vieillards, avait il est vrai déjà reçu dans ses murs de nombreux réfugiés des départements du Nord. Il y avait de ce fait un surcroît de population. Mais la Municipalité pouvait-elle intervenir contre le maintien de nos vieux, alors qu'on pouvait lui démontrer qu'il était possible de les maintenir sans porter préjudice à qui que ce soit ?

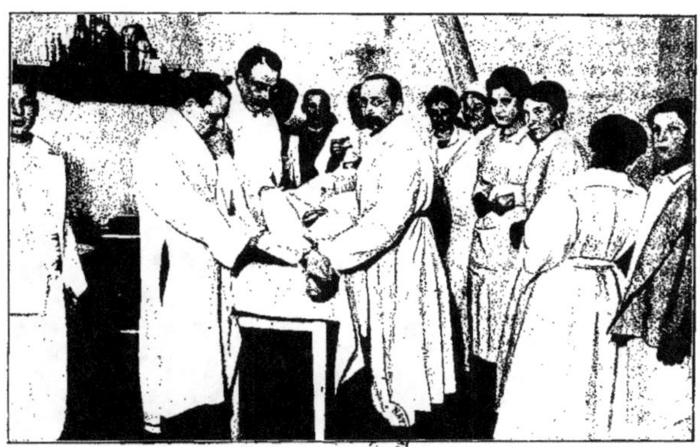

Sous les Bombardements

UNE INTERVENTION CHIRURGICALE DANS LES ABRIS DE L'HOPITAL CIVIL.

Le Service de Santé de Rouen avait accepté de céder momentanément ses ambulances de Lisieux, depuis longtemps déjà inoccupées. Il était possible en effet qu'il réclamât, en cas d'occupation prolongée, dans la crainte de quelque attaque ennemie qui lui eût créé des obligations d'hospitalisation. Cependant les ambulances étaient nombreuses, qui avaient été fermées complètement ou mises en sommeil. Était-ce la suppression de 400 lits qui pouvait compromettre réellement le bon fonctionnement du Service de Santé, surtout qu'il n'était pas prouvé qu'il en eût par la suite besoin ?

M. Gauguery comprit qu'une décision radicale ne pouvait être alors obtenue et qu'il fallait se contenter du provisoire, qui était devenu acceptable, escomptant au surplus lui donner une durée suffisante pour que les choses restassent en état.

Après s'être assuré le concours bienveillant de M. le conseiller Pérot, à qui il promit de continuer par correspondance l'étude des divers problèmes en cours, M. Gauguery estima que le moment était venu de rejoindre son poste à Nancy pour s'entretenir verbalement avec la Commission administrative de toutes les questions soulevées par le transfert.

Ayant pris congé des personnalités lexoviennes avec lesquelles il avait été en rapport, M. Gauguery quitta alors Lisieux le 25 février, pendant que Sœur Marguerite y restait encore pendant quelque temps en vue de terminer l'adaptation ménagère de nos services de vieillards aux organisations de la Croix-Rouge.

Rentré à Nancy, après avoir rendu compte à la Commission du mandat qu'elle lui avait confié, M. Gauguery lui proposa de persévérer dans la voie suivie jusque-là, c'est-à-dire de temporiser et de gagner du temps, convaincu que nos vieillards étaient bien fixés à Lisieux, où ils pourraient avoir un séjour très supportable. La Commission accepta cette proposition et sanctionna toutes les décisions prises par son économe, d'accord avec Mme la Supérieure de l'hospice Saint-Julien.

Pendant que le transfert de nos vieillards et leur installation dans le Calvados s'étaient effectués, la situation de Nancy s'étaient maintenue incertaine et inquiétante.

L'attaque escomptée ne s'était cependant pas encore produite, et un léger espoir commençait à renaître dans l'esprit de la population. Toutefois, la concentration allemande devant Nancy était restée à peu près intacte, et il ne fallait pas se laisser aller à des illusions dangereuses.

Pendant que Mme la Supérieure de l'Hôpital civil expédiait sur l'hospice de Sion toute l'argenterie et la majeure partie du beau linge de la Pension Bon-Secours, M. Albert Jambois, ordonnateur de la Commission administrative, avait continué à négocier, avec la Préfecture, certains transferts d'une urgence moindre que ceux exécutés jusque-là. C'est ainsi qu'on dirigea sur Nanterre certaines malades soumises au contrôle de la police des mœurs, en traitement à la clinique de vénéréologie du quai de la Bataille.

Il avait fallu aussi songer encore une fois à perfectionner les abris de bombardements, en vue de l'éventualité d'une attaque et de ses conséquences. On y avait alors posé une installation téléphonique, agencé des bureaux et complété de toute façon les organisations existantes. On avait encore fait plus : en secret, tout un plan d'évacuation générale de nos hôpitaux encore ouverts avait été préparé, de façon à éviter, en cas de nécessité, le désarroi presqu'inévitable en ces sortes de circonstances. La Municipalité avait, avec le Quartier général de la 8ᵉ armée et la Préfecture de Meurthe-et-Moselle, étudié tout un plan détaillé de l'évacuation générale de Nancy. L'étude en avait été même très activement poussée par M. Martin, secrétaire général de la préfecture, M. le commandant Paul-Boncour, de l'état-major de M. le général Gérard, M. Toussaint, directeur des travaux municipaux, et M. Pierreville, secrétaire général de la mairie de Nancy. Il fallait s'efforcer de s'adapter à ce plan.

Les gares d'évacuation prévues étant celles de Pont-Saint-Vincent et de Ludres, nous avions décidé que nos malades transportables seraient accompagnés jusqu'à l'une des gares d'évacuation qui nous auraient été indiquées, d'où ils auraient été dirigés sur un établissement de l'intérieur du pays, pendant que notre personnel disponible gagnerait à pied l'hospice de Sion, franchissant par étapes les 35 kilomètres qui le séparaient de Nancy. Seuls devaient rester en cas

d'évacuation générale, pour le fonctionnement du poste de
secours de l'Hôpital civil, où les malades graves auraient été
maintenus, une délégation de la Commission administrative
et du personnel administratif, Mme la Supérieure de l'Hôpital
civil avec quelques sœurs et un noyau d'infirmiers et d'infirmières.

En prévision de cette évacuation générale, des stocks de
provisions avaient été accumulés à Sion, de façon à permettre
le séjour prolongé d'un surcroît de population. On avait
même profité des moyens de transports mis à notre disposition par la 8° armée, pour transporter au couvent, par mesure
de précaution, sur la suggestion de M. Denis, archiviste
municipal, les archives hospitalières.

Chacun de nous se souvient de la tournure que prirent
par la suite les événements. Au lieu d'attaquer devant Nancy,
l'ennemi porta son effort au point de jonction des armées
françaises et anglaises. Une à une, les divisions massées
devant Nancy s'éloignèrent, dégageant ainsi le front de Lorraine de la menace qu'il supportait depuis plus de deux
mois.

Après avoir terminé l'installation ménagère de ses vieillards à Lisieux, Mme la Supérieure de l'hospice Saint-Julien
avait, à son tour, regagné Nancy pour reprendre la surveillance de son établissement. Après le départ de nos hospitalisés il y avait en effet à remettre de l'ordre et à faire effectuer
un peu d'entretien. Elle avait en outre à exposer à ses Mères
la situation de ses Sœurs restées provisoirement en Calvados
sans supérieure.

Dès ce retour, la nécessité du maintien à Nancy de Sœur
Marguerite Daval étant aussitôt apparue, Mme la Supérieure
générale proposa à la Commission administrative de désigner
une Supérieure temporaire qui, tout en prenant la tête de la
communauté des Sœurs de Lisieux, pourrait s'occuper aussi
du personnel et des vieillards. Son choix se porta sur une
ancienne religieuse de l'Hôpital civil, à cette époque attachée
à un hôpital militaire de Toul, Sœur Gertrude Haas, que
Sœur Marguerite Daval fut chargée de retourner installer à
Lisieux, le 22 mars suivant. Cette décision nous fut d'autant
plus agréable qu'elle nous conservait à Nancy Sœur Mar-

guerite, pendant que la surveillance de nos vieillards était confiée à une religieuse que nous connaissions déjà et que nous savions posséder toutes les qualités nécessaires pour mener à bien sa délicate tâche.

Vers fin mars, nous avions à constater d'importants changements dans le personnel du service médical de la Place de Nancy. Nous eûmes le regret de voir d'abord partir le médecin-chef, M. le médecin principal de 1re classe Dubujadoux, extrêmement fatigué. Son départ fut suivi, peu de temps après, de celui de son adjoint, M. le médecin major de 2e classe Donnadieu, auquel l'état de santé imposait un repos prolongé. Nos rapports avec leurs successeurs furent ce qu'ils avaient été avec eux-mêmes, bons et agréables ; mais il nous fallut nous habituer à une succession assez rapide de titulaires de leurs postes, puisqu'en quelques mois nous vîmes successivement passer à la chefferie de la Place, M. le médecin principal de 2e classe Henry, M. le médecin major de 1re classe Barot et M. le médecin major de 2e classe Voirin.

Ces diverses mutations n'étaient d'ailleurs que la suite d'une importante transformation qui s'était effectuée le 1er mars précédent dans l'organisation administrative de la Place. Le territoire de Nancy, qui depuis la fin de septembre 1914 relevait de la Direction du Service de Santé de la 20e Région installée à Troyes, venait d'être rattaché entièrement à la 8e armée. De ce fait, tous les centres de spécialités de la 20e Région installés à Nancy, et plus spécialement dans nos hôpitaux, furent transférés à Troyes et à Mesgrigny (Aube).

Rappelons ici que le 8 février nous eûmes à déplorer la mort, en véritable victime du devoir, de notre aumônier des hôpitaux H.-Maringer et Villemin, M. l'abbé Auguste Lefebvre. Quelques cas de petite vérole s'étant déclarés parmi les troupes en cantonnement autour de Nancy, les militaires atteints nous furent amenés, et c'est dans l'exercice de son ministère que M. l'abbé Lefebvre contracta auprès d'eux la terrible affection qui, en trois jours à peine, devait lui coûter la vie. Prêtre dévoué, respectueux de la liberté de conscience des hospitalisés, il s'était acquis des titres à la bienveillance de la Commission administrative, et au respect des malades et du personnel. Aussi nous fîmes-nous un devoir de signaler son dévouement et les circonstances de sa mort à M. le médecin principal de 1re classe Bergasse, alors directeur du Service de Santé de la 20e Région.

Depuis le début de l'année, les bombardements aériens s'étaient continués comme l'année précédente, toujours aussi meurtriers et destructifs et de plus en plus nombreux.

Le 14 février, une bombe incendiaire était tombée à l'hôpital H.-Maringer, près des bâtiments de la ferme qui s'y trouve annexée. Le 12 février, l'hospice Saint-Julien avait reçu les éclats d'un obus de 380, tombé à quelques mètres, boulevard Lobau. Le 26, nous avions subi un bombardement des plus violents. Commencé le soir vers six heures à peine, il durait encore le lendemain matin à une heure. L'hospice Saint-Julien avait été ce jour-là touché par une bombe tombée près du pavillon des dames pensionnaires, où elle n'avait fort heureusement pas causé de morts, mais seulement quelques dégâts peu importants. L'Hôpital civil, s'il n'avait pas été directement atteint, avait été entouré par la chute de grosses torpilles, dont les éclats lui avaient causé des dégâts matériels.

Relatons qu'à la suite de ce bombardement, l'économe des hospices, M. Gauguery, fut l'objet, à la demande de la Commission administrative et de M. le préfet Mirman, d'une proposition par M. le général Gérard, commandant la 8e armée, d'une citation comportant attribution de la croix de guerre. Le général en chef ayant ratifié la proposition, M. Gauguery fut cité à l'ordre de la division pour son dévouement et les services rendus à l'armée depuis le début de la guerre, dans ses fonctions de gestionnaire des formations sanitaires des hospices civils de Nancy. Quelques jours après la date de l'ordre de la citation, M. le général Jullian, commandant d'armes de la Place, vint, au nom du général commandant la 8e armée, procéder à la remise officielle de cette croix dans la cour d'honneur de l'Hôpital civil, en présence de la Commission administrative, des membres du corps médical, du personnel de nos hôpitaux et de quelques personnalités nancéiennes, dont M. Louis Marin, député de Meurthe-et-Moselle.

Pendant que nous rappelons ces bombardements, notons qu'un généreux industriel de Frouard, M. Puéch, maître de forges, offrit en mars à Mme la Supérieure de l'Hôpital civil, Sœur Louise Barrot, une superbe collection de six gros obus de sa fabrication, depuis le 164 D jusqu'au 370. Mme la Supérieure, dans un sentiment de très louable générosité et de très grand attachement à nos hôpitaux, décida de leur en faire don, pour orner le futur musée de guerre dont la Commission administrative avait projeté la création. Ce sont ces magnifiques objets qui ont été provisoirement déposés à l'Hôpital civil, dans la salle des séances de la Commission administrative, où leur collection a été quelques mois plus tard complétée par trois grosses torpilles d'avions, également offertes par Sœur Louise, et par une petite bombe incendiaire.

Lorsqu'à la fin de mars, Mme la Supérieure de l'hospice Saint-Julien fut à nouveau de retour de Lisieux, après l'installation de Sœur Gertrude Haas, la Commission administrative échangeait encore quelques notes au sujet du transfert éventuel de nos vieillards sur Sommervieu et Bayeux. La Direction du Service de Santé de Rouen, notamment, eût ardemment désiré se voir restituer ses formations sanitaires, dont pourtant elle n'avait que faire. Toutefois, plus les semaines s'écoulaient, plus son insistance fléchissait et plus la probabilité d'une nouvelle évacuation s'éloignait. De temps à autre, quelques récidives de sa part nous parvenaient par l'intermédiaire de la Préfecture de Caen, mais leur effet ne durait que quelques jours, et les choses restaient en l'état.

La Municipalité lexovienne se montrait, au surplus, bienveillante à l'égard de ses réfugiés et avait sollicité pour eux l'indulgence de la population. Le commissariat de police s'employait de son côté à pardonner les peccadilles de quelques turbulents, et M. Desportes, administrateur de l'hôpital auxiliaire n° 15, ainsi que la Commission administrative de l'hôpital mixte, tout en tenant la main à la discipline de leurs établissements respectifs, se montraient conciliants vis-à-vis de leurs nouveaux hospitalisés devant les légères infractions qu'ils faisaient de temps à autre au règlement élaboré; M. Desportes alla même beaucoup plus loin, en gâtant fréquemment ses administrés par quelques bons déjeuners, du tabac et des douceurs.

Chaque jour l'organisation provisoire de Lisieux prenait une tournure de plus en plus définitive, pendant que les 35 vieillards installés à Orbec s'y étaient fait leur vie, et que nos enfants s'ébattaient au grand air sur la colline de Sion, où nos grands impotents se reposaient également à l'abri du danger.

Mais aussi, à mesure que le temps s'écoulait, des événements nouveaux surgissaient. Après son attaque à la jonction des armées françaises et anglaises devant Amiens, l'ennemi avait attaqué en Champagne. Devant le nombre des effectifs engagés, nos armées avaient dû, pour la seconde fois depuis août 1914, se replier jusque sur la Marne. L'ennemi s'était avancé jusque Château-Thierry et Dormans, coupant ainsi la ligne directe de communication de Nancy avec Paris. Là situation était grave. Allions-nous revoir les événements douloureux d'août et septembre 1914 avec, pour Nancy et sa région, le début d'isolement qui s'était déjà dessiné?...

Pendant la période de repli de 1918, chaque jour et chaque heure étaient faits d'inquiétude. Aussi accueillîmes-nous avec un véritable soulagement, augmenté d'une grande joie patriotique, le jour où le général Foch, devenu depuis trois mois généralissime des armées alliées, et le général Pétain, généralissime des armées françaises, décidèrent d'arrêter le repli et d'ordonner la contre-offensive qui devait en quelques mois conduire nos armées à la victoire définitive. Après quatre années de lutte ardue et d'opiniâtre persévérance, nos troupes allaient enfin voir leurs efforts récompensés par le succès de leurs armes !

Nous ne suivrons pas ici nos armées dans leurs victoires successives, où s'illustrèrent nos grands chefs et nos vaillants soldats qui, montrant un courage et une ardeur guerrière sans exemple, couvrirent nos drapeaux de gloire ! Nous sortirions en effet du but que nous nous sommes tracé ; mais, cependant, disons qu'à Nancy, ville convoitée par l'ennemi, plusieurs fois menacée et cruellement éprouvée par les bombardements et les morts qu'ils causèrent, les victoires françaises provoquèrent une joie patriotique d'autant plus profonde qu'elles faisaient apparaître pour elle et toutes les villes du front la fin de leur martyre et, plus encore, celui de la délivrance de nos régions envahies et celui du retour de notre Alsace et de notre Lorraine !

Avant cette période de gloire pour nos armes et de détente morale pour tous, venant après plusieurs mois d'anxiété, nous venions, à la demande du Service de Santé, d'abandonner l'administration de l'hôpital de l'ancien Grand-Séminaire pour le remettre, en accord avec M. le Recteur, à l'autorité militaire, qui désirait en faire un hôpital complétaire. Nous avions consenti d'autant plus volontiers à cette cession que, depuis le mois de septembre 1917, l'établissement, faute de malades ou de blessés, avait été à différentes reprises fermé puis réouvert. M., Mme et Mlle Olivier nous cessèrent ainsi leur collaboration qui nous avait été jusquelà si précieuse, et pour laquelle nous leur exprimons à nouveau nos plus sincères remerciements.

Nous avions eu aussi la satisfaction de voir M. le doyen honoraire Gross, dont le concours pendant la guerre nous fut si dévoué, être élu membre de l'Académie de Médecine.

Nous avions eu encore la joie de voir M. le Ministre de l'Intérieur récompenser les précieux services rendus à l'Assistance publique par nos hôpitaux.

A cette date, en effet, nous apprenions que par arrêté ministériel en date du 12 juin précédent, la médaille de l'Assistance publique était concédée à :

M. Alfred Krug, vice-président de la Commission administrative (Médaille d'or);

Mme Sœur Alexandrine Pierrard, supérieure générale de la Congrégation des Sœurs de Saint-Charles (Médaille d'or);

Mme Sœur Louise Barrot, supérieure de l'Hôpital civil (Médaille d'argent);

Mme Sœur Rose Laurent, sœur surveillante à l'Hôpital civil (Médaille d'argent);

M. Edmond Barthélémy, administrateur surveillant de l'hospice Saint-Stanislas (Médaille de bronze);

M. Marcel Gauguery, économe des hospices (Médaille de bronze);

Mme Sœur Marguerite Daval, supérieure de l'hospice Saint-Julien (Médaille de bronze);

Mme Sœur Élise Cressier, sœur surveillante à l'hôpital H.-Maringer (Médaille de bronze);

M. Julien Contal, infirmier-panseur à l'Hôpital civil (Médaille de bronze);

M. Charles Eschbourg, infirmier-panseur à l'hôpital H.-Maringer (Médaille de bronze);

Mlle Caroline Hollender, infirmière à l'Hôpital civil (Médaille de bronze);

Mlle Louise Noiret, infirmière à l'hôpital civil. (Médaille de bronze);

Mlle Justine Gérardin, infirmière à l'hospice Saint-Julien (Médaille de bronze).

La haute distinction que recevait notre vice-président n'était que la reconnaissance bien légitime de son long dévouement dans nos hôpitaux.

Entré au sein de la Commission administrative le 27 janvier 1894, M. Krug en était devenu le vice-président au départ de son distingué prédécesseur M. Marcot, le 2 juin 1908. Au cours de ces vingt-cinq années, il avait suivi pas à pas la vie quotidienne de nos établissements; il en avait étudié les rouages et recherché les lacunes pour y apporter remède.

Devenu vice-président au moment où il fallait songer à leur développement par suite de l'accroissement de la population dont ils ressentaient l'effet, et du renom de la Faculté de Médecine qui rejaillissait sur eux, M. Krug profita de ses connaissances spéciales qu'un long stage au sein de la Commission lui avait permis d'acquérir, pour entreprendre l'importante étude de la transformation de nos services et de l'extension de notre domaine hospitalier.

Successivement, il avait démontré à la Commission administrative, qui était entrée dans ses vues, la nécessité d'agrandir l'Hôpital civil; il avait obtenu la création de l'hôpital H.-Maringer et de la clinique de dermatologie et de syphiligraphie; il avait entrepris l'édification de l'hôpital Villemin, qui devait être le premier hôpital créé en France pour les affections tuberculeuses, devançant ainsi de quelques années les créations actuelles ordonnées par le Gouvernement et le Parlement. Sans relater en détail toutes les améliorations qu'il désirait apporter dans nos hôpitaux et tous les perfectionnements dont il aurait voulu les doter, rappelons encore qu'à la déclaration de guerre, la Commission, sur son inspiration, venait d'entreprendre la construction à l'Hôpital civil, en façade de la rue de Strasbourg, d'un pavillon pour y transférer le service des consultations gratuites et réserver les étages à l'agrandissement de la Pension Bon-Secours ; elle examinait le moyen de moderniser plus encore ses salles d'opérations, de créer un nouveau pavillon pour les maladies contagieuses, et d'en édifier un autre pour les services d'oto-rhino-laryngologie et d'urologie.

A ses qualités d'administrateur, M. Krug avait toujours joint son expérience consommée d'homme d'affaires, mettant ainsi au service de nos hôpitaux toutes ses connaissances et y consacrant une bonne partie de son temps.

Dans l'exercice de ses importantes fonctions, il s'était enfin toujours efforcé de concilier le côté administratif et le côté charitable.

Mme la Supérieure générale de la Congrégation des Sœurs de Saint-Charles avait vu, huit mois plus tôt, récompenser en sa personne son dévouement et celui de ses Sœurs dans nos services de contagieux et au chevet des malades et des blessés militaires. Elle voyait maintenant le Gouvernement lui concéder la plus haute récompense qu'il ait à sa disposition pour reconnaître les services rendus à la bienfaisance. Pour trois siècles de collaboration féconde de sa Congrégation apportée à de multiples établissements hospitaliers de Lorraine, Mme Sœur Alexandrine Pierrard pouvait dignement recevoir cette haute distinction.

Mme Sœur Louise Barrot recevait, dans la médaille d'argent de l'Assistance publique, et Mme Sœur Marguerite Daval, dans la médaille de bronze, le témoignage officiel de la reconnaissance du pays pour leur grande bonté et leur inlassable charité envers nos malades et nos vieillards. M. Barthélémy voyait son dévouement de près de quinze années auprès de nos petits orphelins, et M. Gauguery son active collaboration à l'administration des hôpitaux de Tours, puis à ceux de Nancy, récompensés dignement dans la médaille de bronze.

Nos Sœurs recevaient un témoignage de reconnaissance pour leur précieux dévouement apporté le plus souvent dans l'ombre et, enfin, nos fidèles serviteurs et servantes étaient mis à l'honneur pour leurs longs et loyaux services.

En revanche, le 16 août, nous avions le regret de voir disparaître une de nos vieilles Sœurs de l'hospice Saint-Stanislas, Sœur Félicienne Baptiste, qui pendant près de quarante ans s'était dévouée dans notre orphelinat.

Le 19 août, trois de nos établissements étaient atteints au cours d'un violent bombardement. L'hôpital Marin recevait, au pied d'un corps de bâtiment, une bombe incendiaire ; l'hôpital Villemin recevait les éclats d'une bombe tombée dans une propriété voisine, et l'hospice Saint-Stanislas était touché directement par une bombe percutante. Si les effets de la bombe incendiaire de l'hôpital Marin furent nuls, ceux des éclats reçus à l'hôpital Villemin causèrent d'assez sérieux dégâts, pendant que la bombe tombée à l'hospice Saint-Stanislas sur une salle de classe des petits orphelins furent très importants.

Un mois plus tard, le 12 septembre, vers sept heures du matin, nous entendions une intense canonnade qui se déroulait sur la gauche de Pont-à-Mousson. Les roulements du canon se succédaient sans interruption, indiquant une active préparation d'attaque. C'était l'armée franco-américaine qui ouvrait le feu pour la reprise de la hernie de Saint-Mihiel qui, quelques heures plus tard, était passée aux mains de nos troupes et de celles de nos Alliés.

Le même jour nous avions à déplorer le décès, à la Pension Bon-Secours, du vaillant commandant de la compagnie des sapeurs-pompiers, le regretté capitaine Collignon, à la mémoire duquel nous avons rendu hommage au cours d'un précédent chapitre.

Huit jours après, nous étions honorés de la visite du Généralissime des armées alliées, qui à la suite de la seconde victoire de la Marne avait été élevé à la dignité de Maréchal de France. M. le maréchal Foch, accompagné de son chef d'état-major, M. le général de division Weygand, de passage à Nancy le 20 septembre, vint vers cinq heures du soir à l'Hôpital civil, où il avait de longue date laissé des amitiés personnelles remontant même bien au delà de l'époque de son commandement du 20ᵉ Corps.

Le Maréchal n'étant pas attendu, ni la Commission administrative, ni nos professeurs n'avaient pu être prévenus pour venir le recevoir.

Reçu à son arrivée par l'ordonnateur des hospices M. Albert Jambois, son ancien condisciple à Metz, qui se trouvait à l'Hôpital civil, par Sœur Louise, supérieure, et par l'économe des hospices, M. Gauguery, le Maréchal voulut bien accepter que le personnel et tous les malades convalescents militaires ou civils lui fussent présentés. A tous, il adressa des paroles de confiance et d'espérance des plus réconfortantes.

Avant de quitter l'établissement, le Maréchal consentit avec amabilité à signer un procès-verbal de son passage, que contresigna son chef d'état-major, et dont nous donnons ci-contre la reproduction.

Conservé sous forme de tableau, ce précieux document est exposé à l'Hôpital civil, dans le cabinet du vice-président de la Commission, avec celui des as de l'escadrille « Les Cigognes ».

Huit jours après cette agréable visite, un terrible accident de voiture automobile faillit nous enlever deux de nos dévouées Supérieures, Mᵐᵉ Sœur Louise Barrot, supérieure de l'Hôpital civil, et Mᵐᵉ Sœur Marguerite Daval, supérieure de l'hospice Saint-Julien.

Parties le 23 septembre avec une des Mères-assistantes de leur Congrégation, Mᵐᵉ Sœur Augusta Durupt, pour conduire une de leurs vieilles Sœurs malade dans une maison que la Congrégation possède à Vézelise, Sœur Louise et Sœur Marguerite furent, avec leur Mère, gravement contusionnées et blessées par un soudain dérapage de leur voiture qui, au retour, à trois kilomètres à peine de distance de Nancy, vint s'écraser contre un arbre de la chaussée.

Ramenées en hâte en voiture à l'Hôpital civil par des personnes de passage, nos deux Supérieures et leur Mère

Hôpital Civil de Nancy

———

Signatures autographes

du Maréchal Foch

Généralissime des Armées Alliées

et de son Chef d'État-Major

le Général Weygand

données à l'occasion de leur passage à l'Hôpital Civil de Nancy

———

20.9.18.

F. Foch

20.9.18.

Weygand

furent aussitôt transportées à la salle d'opérations de la Pension Bon-Secours, où leurs plaies furent recousues et pansées.

Heureusement, malgré la gravité de leur état, il ne survint pas de complications. Après quelques semaines de soins énergiques et de repos, elles purent reprendre toutes les trois leurs importantes fonctions.

Le mois suivant, nous avions à regretter la mort de deux de nos Sœurs et d'une de nos infirmières. Le 15 octobre, nous perdions en effet Sœur Hydulphe Mougenot, qui pendant plusieurs années s'était activement dévouée et épuisée même dans notre service d'oto-rhino-laryngologie de l'Hôpital civil. Le 20, c'était une des religieuses de l'hospice Saint-Julien, Sœur Elisabeth Barat, qui disparaissait par suite des fatigues de la guerre. Le 24, Mlle Justine Gérardin, attachée depuis près de trente-cinq ans à l'hospice Saint-Julien comme infirmière, succombait à son tour à la tâche.

Le 31 octobre, Nancy recevait enfin son dernier bombardement. Mais si ce bombardement fut le dernier, il n'en fut pas moins violent et meurtrier pour cela, malgré sa durée relativement courte, puisque commencé vers 5 heures du soir, il était terminé deux heures plus tard. Près de 60 bombes avaient été jetées sur la ville, causant une vingtaine de morts et au moins autant de blessés, sans parler des dégâts matériels qui étaient considérables. Au cours de ce bombardement, deux de nos hôpitaux furent atteints. Une bombe percutante tomba sur une terrasse du pavillon des femmes à l'hôpital Villemin, pendant que vers le même moment, à l'hôpital Maringer, une autre de même nature atteignait le jardin de l'école des mutilés, ne causant dans ces deux établissements que des dégâts matériels.

Signalons que trois jours après, le 3 novembre, nous recevions à l'Hôpital civil la visite de son excellence M. William J. Sharp, ambassadeur des États-Unis, de passage à Nancy, qui était accompagné de son officier d'ordonnance, M. le capitaine Jackson, de MM. Lebrun, ministre du Blocus et des Régions Libérées ; Martin, secrétaire général de la Préfecture, représentant M. le Préfet de Meurthe-et-Moselle, et Gustave Simon, maire de Nancy.

Si, à partir de cette époque, nous ne connûmes plus la vie déprimante des nuits de bombardements, nous fûmes en revanche grandement préoccupés par l'épidémie de grippe infectieuse qui, pendant plusieurs mois, vint sévir sur la ville et la région, comme d'ailleurs partout en France. Il nous fallut organiser un service spécial à l'hôpital Villemin, où les malades affluaient de toutes parts. M. le professeur Haushalter, malgré son excessive fatigue, accepta encore de prendre la direction médicale de ce nouveau service et reçut la collaboration, pour les malades militaires, de M. le professeur Bouin, mobilisé comme médecin major de 1re classe, et, pour les malades civils, de Mlle la doctoresse Laurent, qui se montra particulièrement dévouée. M. le professeur Haushalter ayant été personnellement touché par l'épidémie, Mlle Laurent assura même seule la partie civile de cet important service, pendant la maladie de son Maître. Nous eûmes quelque peine encore à organiser un fonctionnement normal et régulier, nos infirmières contractant l'une après l'autre cette funeste grippe. Cependant, grâce au concours que voulut bien nous apporter Mme la Supérieure générale de la Congrégation des Sœurs de Saint-Charles et au dévouement de Mme la Supérieure de l'établissement, Sœur Laurence Duval, qui pendant toute la durée de la guerre nous apporta sa collaboration la plus absolue, au point d'en compromettre sa santé, nous pûmes arriver à faire face à la situation. Malheureusement, nous eûmes le regret de voir l'une de nos religieuses, Sœur Thérèsia Créange, succomber le 8 novembre des suites de la grippe contractée au chevet des malades qu'elle soignait. Sœur Thérèsia avait été attachée à l'Hôpital civil pendant plus de trente ans, et, depuis quelques mois seulement, avait été admise à la reposance, quand l'épidémie obligea Mme la Supérieure générale à la rappeler à l'activité. La Commission ayant aussitôt sollicité à titre posthume, en faveur de Sœur Thérèsia, la médaille d'honneur en vermeil des épidémies, M. le Ministre de l'Intérieur voulut bien la lui concéder par arrêté en date du 10 décembre suivant.

Nous étions à cette époque à la veille de grands événements sur notre front. Une concentration importante y avait été opérée, et plus particulièrement en avant de Nancy.

L'armée du général Mengin, en liaison avec l'armée américaine, devait quelques jours plus tard prendre l'offensive pour
rompre les dernières résistances de l'ennemi. Des moyens
d'attaque formidables avaient été préparés, et de leur mise
en œuvre devait certainement dépendre le succès.

Chacun de nous se rappelle par suite de quel événement
heureux l'attaque si soigneusement préparée ne fut pas
déclanchée. Le Boche, à bout de forces, vaincu, pour éviter
un désastre, demanda grâce !

Le dimanche 10 novembre, à 9 heures du soir, une
communication téléphonique officieuse du Quartier général
de la 8e armée nous annonçait que le Chancelier allemand
ordonnait à ses plénipotentiaires envoyés à Spa de signer
l'armistice. Une demi-heure plus tard, une communication
de même nature du Quartier général du groupe des armées
de l'Est nous apportait la confirmation de cette nouvelle. Le
lendemain matin, 11 novembre, à 11 heures, nous apprenions que l'armistice était signé et que les hostilités étaient
suspendues sur tout le front.

En signe de réjouissance, la France entière tressaillait
d'allégresse et pavoisait ! En quelques heures, à Nancy, la
ville prenait sa parure des grands jours de fête. Les drapeaux
alliés se confondaient aux fenêtres des édifices et des habitations particulières avec notre drapeau national, et la population, soulevée par un délire patriotique bien légitime,
envahissait les rues de la ville, pendant que la jeunesse,
chantant des refrains patriotiques, les parcourait jusqu'à
une heure avancée de la nuit !

Retour à Nancy des enfants de l'Hospice Saint-Stanislas
et des vieillards de l'Hospice Saint-Julien

(De l'armistice à la signature du décret de cessation des hostilités)

Dès l'armistice signé, sur tout le front les troupes reçurent l'ordre de se tenir prêtes à avancer. Aux termes même des clauses de l'armistice, les Allemands devaient reculer jusque sur la rive droite du Rhin, et même accentuer leur recul sur cette rive sur une profondeur de vingt kilomètres. Au fur et à mesure que l'ennemi se retirait des territoires français et belge, de ceux d'Alsace-Lorraine et du Palatinat, nos troupes allaient prendre possession ou occuper les régions évacuées.

Sur notre front, pendant que la 10e armée, celle du général Mengin, se dirigeait sur Metz, la 8e, celle du général Gérard, partait pour Saverne, puis Haguenau et Landau.

A partir de cette époque, nos hôpitaux cessèrent de relever du commandement de la 8e armée pour passer à nouveau sous la direction du Service de Santé de la 20e Région, encore installée à Troyes, mais qui, trois semaines plus tard, revint à Nancy.

Devant les précieux services rendus à nos hôpitaux pendant près de trois années par M. le général Gérard, la Commission administrative se fit un devoir de lui adresser, à la date du 13 novembre, avant son départ, une lettre de remerciements et d'adieux.

La prise de possession définitive de la Lorraine et de l'Alsace avait non seulement sa répercussion au point de vue de l'occupation militaire, mais aussi à celui de l'administration civile. Le Gouvernement décida d'envoyer à Metz pour la Lorraine, à Strasbourg pour la Basse-Alsace, et à Colmar pour la Haute-Alsace, trois hauts fonctionnaires avec le titre de commissaires de la République. C'est ainsi que M. Léon Mirman, préfet de Meurthe-et-Moselle, fut appelé aux importantes fonctions du poste créé à Metz pour la Lorraine reconquise. Après être resté pendant plus de quatre années à Nancy, où il s'était activement dévoué, son départ ne pouvait s'effectuer sans regrets pour les Nancéiens. Avec lui disparaissaient également Mme Mirman et ses charmantes jeunes filles, qui pendant toute la durée de la guerre s'étaient consacrées, par des œuvres charitables, à adoucir la peine de nos réfugiés lorrains et de nos blessés civils ou militaires. Nos hôpitaux perdaient en eux de bons et dévoués amis dont l'appui, dans les heures difficiles, ne leur avait jamais fait défaut ! La Commission administrative ne voulut donc pas laisser partir M. Mirman sans lui adresser ses cordiales félicitations pour sa nomination aux hautes fonctions auxquelles il était appelé par le Gouvernement, en même temps que ses amers regrets de le voir quitter Nancy avec sa famille.

Pour succéder à M. Mirman, le Gouvernement envoya à Nancy le préfet du département des Basses-Pyrénées, M. Paul Second, avec lequel nous n'eûmes par la suite que d'excellents rapports.

Cinq jours après, le 19 novembre, le général Pétain, élevé le même jour à la dignité de maréchal de France, faisait avec l'armée du général Mengin son entrée triomphale à Metz, au milieu d'une foule compacte, grossie encore par bon nombre de nos concitoyens de Nancy, qui étaient allés saluer la ville-sœur libérée !

Le dimanche 22 novembre, nous recevions à l'Hôpital civil la visite de plusieurs grands généraux ou officiers supérieurs venus pour se rendre le lendemain à l'entrée triomphale de nos troupes à Strasbourg.

Les hôtels de la ville étaient tellement combles par suite de l'affluence de hautes personnalités venues pour le même but, que nos généraux ne purent trouver à se loger et vinrent solliciter l'hospitalité d'une nuit à la Pension Bon-Secours, où ils étaient déjà bien connus. C'est ainsi que nous reçûmes notamment M. le général Maîstre, commandant le groupe des armées du Centre, notre sympathique ancien commandant du détachement d'armée de Lorraine, le général Humbert, commandant la 3e armée, et le général Debeney, commandant la 1re armée.

Après avoir été salués à leur arrivée par M. Albert Jambois, ordonnateur de la Commission administrative, ils prirent leur repas du soir et passèrent la nuit chez nous. Dès le lendemain matin, 23 novembre, nos généraux partirent pour Strasbourg, où le maréchal Pétain, ayant à ses côtés notre brave général de Castelnau, devait, à la tête des troupes, faire son entrée à une heure de l'après-midi.

Quelques jours plus tard, nous recevions à l'Hôpital civil M. le général Fayolle, commandant de groupe d'armées. Ayant stationné à Nancy pendant quelques jours avec son état-major, le Général tint à venir dans notre grand hôpital saluer les malades militaires qui s'y trouvaient en traitement et les victimes des bombardements.

Entre temps, la Commission administrative, devant la sécurité de Nancy considérée désormais comme assurée, et le départ, de l'hospice Saint-Stanislas, des écoles qui s'y trouvaient installées, avait envisagé le retour dans leurs établissements respectifs des enfants de notre orphelinat et des pupilles de l'Assistance publique au dépôt, ainsi que celui des vieillards de l'hospice Saint-Julien.

Dès le 13 novembre, elle s'était préoccupée de ramener tout d'abord les enfants et les quelques vieillards installés au couvent de Sion.

Le transfert, en 1917, de notre population de l'hospice Saint-Stanislas et de son mobilier n'avait été possible que grâce au concours du service automobile de la 8ᵉ armée. Par suite des nécessités d'occupation des territoires évacués par l'ennemi, cette armée quittant notre région, nous allions nous trouver sans aucuns moyens pratiques d'opérer le retour à Nancy, s'il n'était fait immédiatement. Il n'y avait donc pas un instant à perdre.

Nous étant à nouveau adressés à M. le général Gérard, le commandant de la 8ᵉ armée fit encore pour nous ce qu'il put. Malheureusement, en raison des nécessités de l'heure, il ne put mettre à notre disposition qu'une demi-douzaine de camions, qui nous permirent cependant de transporter de Sion à Nancy tout le linge et l'argenterie de la Pension Bon-Secours. Dans ces conditions, il fallut rapidement chercher des concours ailleurs. Ayant appris que l'état-major de la

10ᵉ armée venait de s'installer à Champigneulles pour quelques jours, nous résolûmes de tenter d'obtenir le concours de son service automobile. Mais les besoins de cette armée étaient aussi très grands et, malgré la bonne volonté évidente de l'officier supérieur commandant le service, nous ne pûmes recevoir qu'une aide très limitée. Dix camions mis cependant à notre disposition nous permirent de ramener nos vieillards impotents couchés sur des matelas, nos petits poupons et les vieilles religieuses que la Congrégation des Sœurs de Saint-Charles avait installées sur la colline.

Nous venions ainsi d'épuiser les seules ressources que l'armée française pouvait nous offrir, et nous nous demandions comment nous allions poursuivre notre déménagement. Devions-nous le continuer par chemin de fer ?... C'était chose presque impossible. Pour transporter tout le mobilier à la gare de Vézelise ou à celle de Diarville, distantes de Sion de plusieurs kilomètres, celle de Praye-sous-Vaudémont n'étant qu'une halte pour les voyageurs, on ne pouvait en effet songer à se servir de voitures hippomobiles dont l'emploi aurait coûté fort cher. Il aurait en outre fallu plusieurs mois pour voir la fin des transports, et encore aurait-il fallu compter avec la possibilité d'obtenir à temps suffisamment de wagons !

Quant aux transports par route, il ne pouvait en être question même un seul instant ; l'entreprise n'en eût été rien moins que chimérique.

Nous commencions déjà à devenir fort perplexes, quand nous apprîmes que l'état-major de la 1ʳᵉ armée américaine n'avait pas encore quitté Toul.

Sans perdre un instant, notre collègue, M. Albert Jambois, accompagné de notre économe M. Gauguery, se rendit à Toul auprès du général commandant pour solliciter le concours de ses gros camions.

M. Jambois et M. Gauguery furent reçus très aimablement par le général lui-même, qui avec empressement leur promit 40 de ses camions les plus grands pour le 28 novembre.

Depuis le 14, on s'était activement employé à Sion aux préparatifs du retour. Tous ceux faits pour l'arrivée avaient été recommencés en vue de la rentrée à Nancy, de sorte que dès le 27 tout le déménagement était prêt.

Nous avions dû prendre des dispositions pour recevoir nos Américains dès le mercredi soir 27 novembre, car il était impossible qu'en partant de Toul le 28 au matin, ils puissent franchir environ 60 kilomètres pour se rendre de Toul à Sion, opérer ensuite là-bas le chargement de 40 camions qu'il fallait le même jour décharger à Nancy, et enfin regagner Toul.

Dès le 27 novembre au soir, nous vîmes donc arriver sur la colline les camions qui nous avaient été promis. Mais avec l'esprit pratique de nos Alliés, leurs camions nous parvinrent montés par une équipe de 100 hommes de troupe commandés par plusieurs officiers et sous-officiers.

Après une nuit de repos, le chargement des voitures était commencé dès la pointe du jour le lendemain matin. Nos enfants se mirent d'ailleurs de la partie avec une ardeur qui ne ralentit pas de la journée. Il y avait en effet un gros effort à faire pour venir à bout de déménager toute une maison de près de 300 personnes en une journée. Il fallait même sortir de la dure période de guerre pour tenter un pareil tour de force. Cependant, vers quatre heures du soir, presque tout le mobilier était chargé sur les 40 camions qui prirent la route en s'échelonnant en longue file pour gagner Nancy, où ils arrivèrent vers huit heures du soir.

Le convoi n'avait pas quitté Sion, que les enfants étaient préparés à leur tour pour le départ. Devant la difficulté de se procurer des véhicules automobiles, la Commission avait renoncé à les faire revenir par ce mode de transport. Elle avait sollicité qu'on lui réservât un certain nombre de wagons au train de Mirecourt à Nancy, passant par Praye-sous-Vaudémont vers cinq heures et demie du soir.

Après avoir fait leurs adieux aux Pères, nos enfants prirent le chemin de Praye et, malgré la pluie qui s'était mise de la partie vers le soir, le retour fut joyeux. Les aînés portaient à cheval sur leurs épaules les plus petits, enveloppés dans leur capuchon d'hiver, et si chacun avait été heureux d'aller trouver la tranquillité et le bon air sur la colline de Sion, il ne l'était pas moins de prendre le chemin du retour, pour retrouver à Nancy les habitudes du bon temps de paix.

A l'hospice Saint-Stanislas on s'était mis au déchargement des camions au fur et à mesure de leur arrivée. Mme la Supérieure de l'Hôpital civil qui était venue avec M. Jambois, ordonnateur de la Commission administrative, pour diriger les travaux et recevoir les enfants, avait amené pour la circonstance la plus grande partie de son personnel. Malgré la pluie battante, chacun mit tout son courage à activer cette fatigante besogne. Il n'était pas possible de songer à mettre en place tout le mobilier que l'on déposait tout autour de la cour, à part les objets fragiles et craignant l'humidité qui étaient entassés dans les couloirs, les ouvroirs et les réfectoires. Cependant on avait hâtivement étendu les matelas dans les dortoirs pour coucher les enfants, de sorte que dès leur descente du train, vers huit heures quarante-cinq du soir, notre petit monde gagnait rapidement l'hospice Saint-Stanislas, où des aliments chauds les attendaient, puis, vers dix heures, dormait d'un profond sommeil. Vers minuit et demi, les quarante camions étaient vides et repartaient pour Toul.

Pendant que le lendemain et les jours suivants on travaillait d'arrache-pied à l'hospice Saint-Stanislas à remettre tout en place, la Commission se préoccupait d'obtenir encore de la 1re armée américaine quelques camions pour transporter le reliquat du mobilier resté à Sion, où Mme la Supérieure de notre orphelinat était restée avec une de ses Sœurs et un peu de personnel pour faire effectuer le nettoyage de la maison. Le général voulut encore bien consentir à nous accorder quatre camions pendant trois jours consécutifs, qui nous permirent de terminer notre déménagement, y compris celui de nos archives. Le 7 décembre tout était terminé et, le 9 au soir, Mme la Supérieure rentrait à Nancy avec son personnel pour reprendre la direction normale de son établissement.

Nous ne voulons pas clore le récit du retour de nos enfants sans adresser aux Pères qui s'occupent des œuvres et de la gestion du couvent, l'expression de notre bien sincère gratitude pour les précieux services qu'ils nous ont rendus pendant les vingt-et-un mois de séjour, sur la colline, de notre petite population.

A l'arrivée, en l'absence du chapelain de la basilique, mobilisé, le Révérend Père Huriet, son collaborateur, le Révérend Père Bazin, curé de Saxon-Sion, se mit à tout instant, avec une grande amabilité, à notre disposition.

Quelques mois plus tard, le Révérend Père Huriet, ayant été affecté à l'un des centres de spécialités militaires installés à l'Hôpital civil, nous pûmes régler sur place, avec lui, d'importantes questions et de nombreux détails, et toujours nous ne rencontrâmes chez lui que bienveillance et le désir d'être agréable.

Malgré le bruit et les multiples petits ennuis que leur causèrent inévitablement notre petit monde, jamais ces Messieurs ne manifestèrent la moindre impatience de l'occupation de leur maison. Nous ne leur en devons donc que plus de remerciements.

Nous n'oublions pas non plus, dans nos sentiments de gratitude, l'Autorité diocésaine, alors qu'en janvier 1917 elle n'a pas hésité, pour nous tirer d'embarras, à mettre la plus grande partie du couvent à notre disposition.

Tout en procédant au retour à Nancy des enfants de l'hospice Saint-Stanislas, la Commission s'était mise en rapport avec l'administration préfectorale du Calvados en vue du retour de nos vieillards. Nous avions encore présent à l'esprit le souvenir des mauvaises conditions dans lesquelles s'était effectué le départ au mois de février précédent. Nous ne voulons pas formuler une critique quelconque sur ce qui a été fait. Non, sous la menace du canon, chacun, dans la précipitation, a fait ce qu'il a pu. Mais alors que le calme était revenu, un transfert dans les premières conditions n'eût pas été admissible. Nous devions, pour le retour de nos pauvres vieux déplantés loin de leur petite patrie, un peu plus de confort pour leurs membres rompus par la vieillesse.

La Commission désirait d'autant plus hâter le retour des vieillards qu'elle pensait qu'avec le rapatriement des évacués et la rentrée en France des prisonniers de guerre, il deviendrait pendant longtemps difficile d'obtenir des moyens de transport convenables.

Après avoir fait part à M. le Préfet du Calvados des conditions dans lesquelles elle désirait que le retour fût effectué, la Commission, à la demande de ce haut fonctionnaire, pria à nouveau son économe, M. Gauguery, et Mme la Supérieure de l'hospice Saint-Julien, Sœur Marguerite Daval, de partir pour Lisieux afin de régler là-bas, en accord avec Mme la Supérieure intérimaire, Sœur Gertrude Haas, tous les détails du transfert.

Ayant quitté Nancy le 11 décembre au matin, avec quelques Sœurs et quelques infirmiers et infirmières, M. Gauguery et Sœur Marguerite arrivèrent à Lisieux le lendemain matin à trois heures.

Dès leur arrivée, après avoir pris contact avec nos Sœurs, notre personnel et nos vieillards, d'ailleurs tous à la joie à l'idée du retour, M. Gauguery et Sœur Marguerite se rendirent auprès des représentants de la Société de Secours aux Blessés Militaires, de ceux de la Commission administrative de l'hospice mixte, pour les saluer et échanger quelques idées sur l'organisation du futur transfert.

L'après-midi, pendant que Sœur Marguerite s'entretenait avec Sœur Gertrude des multiples questions relatives au départ, M. Gauguery se rendait, sans plus tarder, à Caen, pour solliciter un entretien de M. le Préfet, ou tout au moins de M. le conseiller de préfecture Pérot, contrôleur du service des réfugiés.

M. Pérot ayant reçu M. Gauguery, lui fit connaître que, suivant le désir de la Commission administrative, il avait déjà sollicité un train pour le retour de nos vieillards, mais qu'il n'avait pu encore obtenir satisfaction, ne recevant à chacune de ses demandes que des promesses vagues.

M. Gauguery répondit à M. Pérot que sa présence dans le Calvados ne pouvait être que de courte durée, qu'il lui fallait par conséquent faire vite et obtenir les moyens de transport convenables et non de fortune, c'est-à-dire tout au moins un train avec wagons-couloirs, dont plusieurs de 1re et 2e classes, s'il n'était pas possible d'avoir un train sanitaire complet.

M. Pérot, devant ces précisions, proposa à M. Gauguery de téléphoner au Ministère de l'Intérieur.

Malheureusement, le Ministère de l'Intérieur s'était dessaisi de la question depuis la veille, en la passant pour exécution au Ministère de la Guerre.

S'étant alors mis en rapport avec le 4ᵉ bureau du Ministère de la Guerre, M. Gauguery et M. Pérot, après avoir exposé le but de leur appel, insistèrent pour la fixation d'une date ferme de départ, qui fut, non sans quelques difficultés, arrêtée à celle du 19. Ils insistèrent ensuite pour connaître la nature du train qui serait mis à la disposition de nos vieillards. L'officier ayant répondu qu'il ne pouvait encore rien préciser, M. Gauguery et M. Pérot réclamèrent avec insistance un train sanitaire complet, avec un médecin de service. Sans leur faire de promesse ferme, l'officier répondit cependant qu'il s'efforcerait de leur donner satisfaction. Tout en se contentant de ces premières indications, M. Gauguery et M. Pérot demandèrent à l'officier chef du 4ᵉ bureau de bien vouloir leur donner une confirmation dans les quarante-huit heures à venir. L'entente s'étant ainsi établie, M. Gauguery repartit le 13 au soir pour Lisieux; il s'agissait, en effet, d'arrêter, d'accord avec les autorités locales, les dispositions du départ et les multiples détails que comporte une opération de ce genre.

Il fallait aussi songer au retour de nos 35 vieillards d'Orbec, qui devaient rejoindre en temps opportun le gros du convoi.

De plus, le Ministère de la Guerre, sur la proposition de la Préfecture du Calvados, avait prié notre économe de prendre en main également l'organisation du retour de près de 150 orphelins ou vieillards de Lunéville, installés à Falaise, dont le transfert pouvait être soudé à celui de nos vieux.

Il fallait donc se mettre en rapport avec ces trois centres d'action et coordonner les dispositions arrêtées par chacun d'eux, de façon qu'aucun ne vînt, au dernier moment, constituer une gêne ou un retard qui pût troubler la bonne marche du convoi.

S'étant mis en rapport avec le sous-préfet de Lisieux, le secrétaire général de la mairie, le commissaire de police et le chef de gare, M. Gauguery rencontra auprès de chacun de ces Messieurs, comme auprès de M. Moisy, président du Comité lexovien de la Société de Secours aux Blessés, de M. Desportes, administrateur de l'hôpital auxiliaire n° 15, et des fonctionnaires de l'hôpital mixte, un concours des plus empressé. Ces Messieurs eurent à cœur de nous faciliter la préparation de notre transfert et, au dernier moment, de contribuer à en assurer la bonne exécution.

Pendant que Sœur Marguerite et Sœur Gertrude poussaient avec leurs sœurs et leur personnel les préparatifs du départ, notre économe retournait à Caen pour s'assurer, auprès de la Préfecture, que les promesses faites à la date du 13 par le Ministère de la Guerre tenaient toujours.

La Préfecture n'avait pas reçu de communication nouvelle et supposait, en conséquence, que rien de ce qui avait été convenu n'était modifié.

Cependant, pour plus de certitude, M. Gauguery insista auprès de M. Pérot pour obtenir une confirmation. Satisfaction lui ayant été donnée, notre économe se vit confirmer la date du 19 pour le départ et la mise à sa disposition d'un train sanitaire complet.

Tout à fait rassuré, M. Gauguery partit aussitôt en automobile pour Falaise, en vue de régler, avec le sous-préfet de cette localité et les Sœurs de la colonie lunévilloise, les détails du transfert de leurs orphelins et de leurs vieillards. En quelques heures, tout ayant été arrêté, M. Gauguery regagna Caen le soir pour rentrer à Lisieux dans le cours de la nuit.

Dès le lendemain matin, l'économe repartait avec Sœur Marguerite et Sœur Gertrude pour Orbec, en vue de s'entendre avec l'Administration de l'hospice pour le retour de nos 35 vieillards qui s'y trouvaient. Nos représentants rencontrèrent auprès de cette Administration un grand empressement à leur faciliter leur tâche. Il fut convenu qu'un de ses agents amènerait le 19 décembre, par un train arrivant à Lisieux à 7 heures du matin, notre petit contingent d'isolés, pour le joindre au convoi général qui ne devait se former que dans le courant de l'après-midi ; puis, tous les détails de ce petit transfert ayant été arrêtés, notre économe et nos Sœurs supérieures rentrèrent à Lisieux.

Au cours de la journée, ayant rencontré à Orbec M. le sénateur Chéron, M. Gauguery se fit un devoir de remercier le représentant des populations du Calvados de la sollicitude dont ses compatriotes avaient entouré nos malheureux réfugiés.

Enfin, après les actifs préparatifs de nos Sœurs et de notre personnel, et plusieurs allées et venues de notre économe entre Lisieux et Caen et Falaise, le jour du départ arriva. Dès la veille au soir, en se rendant à Caen prendre congé de M. le Préfet et de M. Pérot, M. Gauguery avait obtenu l'horaire du convoi. Le train spécial, après avoir pris à Falaise, le matin à dix heures, les orphelins et les vieillards de Lunéville, devait arriver à deux heures de l'après-midi à Lisieux, pour prendre la totalité de nos vieillards et repartir vers quatre heures pour Nancy, en contournant Paris par les lignes de ceinture. Le 18 décembre au matin, notre économe et nos Sœurs Supérieures s'étaient également rendus auprès des diverses personnalités de la ville avec lesquelles ils avaient été en rapport, pour prendre congé d'elles et les remercier de leur bon accueil et de l'affable hospitalité qu'ils avaient offerts à nos vieillards.

Grâce au concours des autorités locales et au dévouement de nos Sœurs et de notre personnel, tout était prêt quand l'heure du départ arriva.

Depuis le matin, les bagages avaient été chargés dans des wagons mis à la disposition de M. Gauguery et de nos Sœurs par M. le Chef de gare, de façon à les rattacher au train d'évacuation dès son arrivée. M. Desportes, administrateur de l'hôpital auxiliaire n° 15, seconda fort obligeamment notre économe et nos Supérieures dans le transport de nos vieillards des hôpitaux à la gare. M. le Colonel Commandant d'armes avait bien voulu, pour la circonstance, mettre à la disposition de notre économe une corvée militaire de 15 hommes, pendant que M. le Sous-Préfet, d'accord avec la Municipalité, lui avait procuré une demi-douzaine de grandes voitures automobiles. Enfin, à quatre heures, l'embarquement était terminé et, vingt minutes plus tard, le train, qui était arrivé à Lisieux à l'heure prévue par l'horaire, s'ébranlait pour filer vers Nancy.

Notons qu'au départ se trouvaient sur le quai de la gare : M. Tissot, le nouveau sous-préfet de Lisieux ; M. Maxime Chéron, secrétaire en chef de la Mairie ; M. Moisy, président du Comité lexovien de la Société de Secours aux Blessés Militaires ; Mme et M. Desportes, administrateur de l'hôpital auxiliaire n° 15 ; M. Allaire, directeur de l'hôpital mixte, représentant l'administration de cet établissement ; M. le Curé de la paroisse Saint-Désir, un certain nombre de dames de la Croix-Rouge et un nombreux public.

Le train qui avait été mis à notre disposition était un train sanitaire des plus confortable. Il comportait, outre de bons wagons rembourrés de 3e classe, de nombreux wagons de 2e et de 1re classes qui tous étaient chauffés. Un médecin major, un pharmacien major et 34 infirmiers étaient attachés au train, qui était en outre doté d'une cuisine, d'une pharmacie, d'une tisanerie avec leur personnel spécial, ainsi que d'une salle de pansements.

Nos vieillards n'eurent que peu à souffrir de la longueur du voyage, car en cours de route, ils reçurent leurs repas chauds, comme s'ils avaient été à l'hospice Saint-Julien. Le soir, ils eurent un potage, un plat de viande, un plat de haricots, du vin et du thé au rhum.

Le lendemain, au petit déjeuner, ils eurent du café au lait. A midi, ils eurent un potage, un plat de viande, un plat de riz, du vin et du café noir, et le soir, avant l'arrivée à Nancy, ils prirent un repas semblable à celui de la veille au soir.

Nul accident ni incident en cours de route. Le convoi s'achemina lentement vers Nancy, où il arriva le dimanche matin 21 décembre, vers une heure.

A son passage dans les gares de l'Est, la Préfecture et la Commission administrative avaient été tenues téléphoniquement au courant de sa marche, de sorte que toutes dispositions avaient pu être prises pour l'arrivée en gare et le transport ultérieur des vieillards à l'hospice Saint-Julien.

A leur arrivée, nos vieillards étaient attendus sur le quai de la gare par M. Martin, secrétaire général de la Préfecture de Meurthe-et-Moselle, par MM. Alfred Krug et Albert Jambois, représentant la Commission administrative, par Sœur

Louise, Supérieure de l'Hôpital civil, avec un grand nombre de Sœurs et un nombreux personnel.

Après les saluts joyeux du retour, le transport des vieillards de la gare à l'hospice Saint-Julien commença, pendant que la partie arrière du convoi transportant les orphelins et les vieillards de l'hospice de Lunéville poursuivait sa route sous la garde d'un fonctionnaire de cet établissement venu en gare de Nancy pour prendre charge de ses hospitalisés.

Au moyen de nombreuses voitures sanitaires, le transfert fut vite effectué. Commencé vers une heure un quart du matin, à trois heures il était terminé, et les portes de l'hospice Saint-Julien se refermaient pour donner à tous nos rapatriés et à notre personnel une nuit de repos bien méritée.

Le lendemain, chacun eut vite retrouvé sa place et ses petites habitudes, et en quelques jours notre hospice avait repris son allure des temps passés.

En terminant l'exposé du retour de nos vieillards du département du Calvados, nous désirons rendre hommage à la bienveillance et au dévouement de toutes les personnalités qui ne nous ont marchandé ni leur appui ni leur précieux concours. Nous remercions tout d'abord M. Martin, secrétaire général de la Préfecture de Meurthe-et-Moselle, et son personnel du bureau des évacuations, qui se sont tant dépensés dans l'organisation des nombreuses évacuations de Nancy. Nous remercions aussi M. Pérot, conseiller de Préfecture du Calvados, qui s'est prêté d'une façon si obligeante à faciliter à notre économe une tâche particulièrement ingrate. Nous remercions non moins vivement le dévoué administrateur de l'hôpital auxiliaire n° 15 de Lisieux, M. Desportes et Mme Desportes, pour leur extrême bienveillance à l'égard de nos Sœurs, de notre personnel et de nos vieillards, qui leur ont conservé une profonde gratitude. A ces remerciements, nous associons M. Moisy, le digne président du Comité lexovien de la Société de Secours aux Blessés Militaires. Nous remercions en outre M. le sous-préfet Brunel et son successeur M. Tissot, ainsi que l'Administration municipale de Lisieux, et plus particulièrement le secrétaire en chef de la mairie, M. Maxime Chéron.

Nous remercions encore la Commission administrative de l'hospice mixte de Lisieux et ses fonctionnaires.

Nous désirons enfin exprimer nos sentiments de sincère reconnaissance à notre distinguée Supérieure intérimaire de Lisieux, Mme Sœur Gertrude Haas, qui s'acquitta de ses délicates fonctions avec une dignité, un tact et un dévouement parfaits.

Avec le retour des vieillards de l'hospice Saint-Julien, venant après celui des enfants de l'hospice Saint-Stanislas, nos établissements' hospitaliers reprenaient tout à fait leur aspect normal.

Quelques jours plus tard, un événement important, dont l'éclat rejaillissait sur nos hôpitaux, devait nous combler de joie.

Nous apprenions, en effet, que M. le Maréchal Foch viendrait le dimanche 29 décembre remettre à Mme Sœur Louise Barrot, Supérieure de l'Hôpital civil, la croix de chevalier de la Légion d'honneur, qui lui avait été conférée par décret présidentiel en date du 2 décembre précédent, pour sa belle conduite pendant la guerre et les éminents services que, dans nos hôpitaux, elle avait rendus au Service de Santé militaire.

Nous ne rappellerons pas en détail les titres de Sœur Louise qui lui ont valu sa promotion dans notre grand ordre national. Tout le monde à Nancy les connaît. Son esprit d'initiative, son talent d'organisatrice, son courage de tous les instants sous les bombardements, son dévouement admirable allant jusqu'à l'abnégation; et sa grande charité ne l'avaient-ils pas placée sous les yeux de tous !

La croix de la Légion d'honneur venait consacrer d'une façon éclatante les brillants états de service de notre Supérieure dont la première reconnaissance officielle remontait au 7 janvier 1916, date à laquelle M. le Président de la République, à la suite des premiers bombardements par pièce à longue portée, lui avait épinglé sur la poitrine la croix de guerre avec palme.

Aussi, M. le Maréchal Foch, voulant donner à Sœur Louise un témoignage de sa sympathie personnelle et montrer tout le prix qu'il attachait à cette haute distinction, accepta-t-il de venir lui en remettre lui-même l'insigne.

La cérémonie devait avoir lieu à trois heures et demie de l'après-midi, dans la cour d'honneur de l'Hôpital civil qui, pour la circonstance, avait été pavoisée comme aux plus grands jours de fête. Malgré la pluie menaçante ce jour-là, la foule commença à arriver vers deux heures et grossit bientôt au point d'atteindre le chiffre d'environ un millier de personnes.

Une compagnie du 86e régiment d'infanterie, avec tambours et clairons, placée sous les ordres de M. le lieutenant-colonel Lormeau, major de la garnison, était venue se ranger en demi-cercle devant la chapelle.

Notre personnel et des délégations de malades convalescents, de vieillards, d'orphelins, s'étaient placés en haie le long de l'allée centrale, pendant que les reporters et les photographes se choisissaient quelque bonne place.

Puis on avait vu arriver les nombreux amis de Sœur Louise, nos professeurs et leurs élèves avec leurs familles, les représentants de la magistrature, des facultés, des grandes administrations, de l'industrie et du commerce.

Un détachement d'agents de police, commandé par le commissaire chef de la Sûreté, assurait le service d'ordre.

A trois heures et demie précises, le Maréchal, en tenue bleu-horizon, arrivait à l'Hôpital civil accompagné de son chef d'état-major, M. le général Weygand, de M. le général de Buyer, commandant la 20e Région, et de quelques officiers d'état-major.

Après avoir été reçu par la Commission administrative entourée de M. Martin, secrétaire général de la Préfecture, représentant M. le Préfet de Meurthe-et-Moselle, de M. Gustave Simon, maire de Nancy, de M. le recteur Adam, de Mgr Ruch, successeur de Mgr Turinaz à l'évêché de Nancy, et de nombreuses personnalités nancéiennes, le Maréchal remonta l'allée centrale pour se rendre sur le lieu de la cérémonie, pendant que Sœur Louise, entourée des deux Mères-Assistantes générales de sa Congrégation, sortait de la chapelle pour venir prendre place sur le terre-plein.

Groupe photographié a l'occasion d'une visite a l'Hôpital Civil.
de M. le Médecin Inspecteur ODILE, Directeur du Service de Santé de la VIIIe Armée (Avril 1918)

1. M. le Médecin-Inspecteur Odile - 2. Mme Sœur Louise Barbot, Supérieure - 3. M. Gustave Simon, Maire - 4. M. Albert Jambois,
... - 6. M. le Prof^r Th. Weiss - 7. M. le Prof^r Etienne - 8. M. le Prof^r Simon -

Ce fut un moment aussi émouvant que solennel. Le Maréchal, ayant commandé d'une voix forte et brève : « Ouvrez le ban », on entendit les tambours battre et les clairons sonner.

Ayant ensuite prononcé la formule officielle d'usage, le Maréchal accrocha l'étoile des braves sur la poitrine de Sœur Louise, à qui il exprima ses sentiments de profonde satisfaction de pouvoir reconnaître publiquement son dévouement patriotique et sa charité chrétienne dépensés au service de nos blessés. Puis, sur un ordre du Maréchal, les tambours et les clairons retentirent de nouveau.

Après quelques paroles de remerciement adressées au Maréchal par M. Gustave Simon, maire de Nancy, et M. Albert Jambois, conseiller général et ordonnateur des hospices, en l'absence du vice-président de la Commission administrative, M. Alfred Krug, empêché d'assister à la cérémonie, le Maréchal se rendit à la salle des séances de la Commission des hospices, où, là, il connut le revers de la gloire.

Pendant en effet que les amis de Sœur Louise s'empressaient autour d'elle pour la féliciter, les admirateurs du vainqueur des Boches sollicitèrent des autographes qu'il distribua avec une bonne grâce souriante.

Enfin, vers quatre heures et demie, le Maréchal regagna sa voiture, acclamé par la foule qui l'attendait à sa sortie de l'Hôpital.

Nous arrivions alors à l'aurore de l'année 1919, au cours de laquelle devait s'achever le rétablissement de l'état de paix, déjà ébauché par l'armistice du 11 novembre.

La Commission considéra qu'avec le début de l'année ses obligations envers l'armée devaient prendre fin. La population civile de Nancy, qui en avait été évacuée aux différentes époques de danger, commençait à y revenir, et la ville reprenait petit à petit son animation d'avant guerre. Il fallait donc songer à faire cesser le rôle de guerre de nos hôpitaux pour les réadapter à leur rôle de paix.

Dans ce but, la Commission demanda et obtint, avec effet du 1er janvier 1919, la dénonciation de la convention qui la liait au Service de Santé, laquelle, du fait même de la cessation des hostilités, devait d'ailleurs normalement prendre fin. Toutefois, à la demande du directeur du Service de Santé du 20ᵉ Corps et de la 20ᵉ Région, M. le médecin principal de 1ʳᵉ classe Georges, la Commission consentit à laisser à sa disposition, à l'Hôpital civil, mais à titre provisoire et pour quelques mois seulement, vingt lits pour y placer certains grands blessés militaires qui pouvaient recueillir un intérêt à être confiés à nos distingués professeurs de la Faculté.

D'autre part, par suite du retour des enfants de l'hospice Saint-Stanislas, les petits bambins de la crèche Saint-Nicolas, détruite au cours d'un bombardement antérieur, qui avaient été placés dans notre orphelinat en même temps que les enfants des écoles de la ville, ne pouvaient plus y être maintenus. On s'était bien serré un peu pour laisser un gîte à ces petits marmots, mais les dispositions prises ne pouvaient avoir qu'un caractère de courte durée ; l'hygiène et les bons soins en eurent sans cela inévitablement souffert. A la demande de la Société des Crèches, la Commission administrative consentit alors à mettre à sa disposition le rez-de-chaussée d'un immeuble dont elle jouissait à titre de locataire rue de Strasbourg, près de la maison Marin, immeuble dénommé « Maison Aron », en raison de son ancienne affectation à un pensionnat de jeunes filles dirigé par les dames Aron.

Moyennant une redevance annuelle fixée d'un commun accord à la somme de 1.000 francs, la Société des Crèches y installa, le 1ᵉʳ janvier 1919, la crèche Saint-Nicolas, en attendant la reconstruction de son ancien établissement. Cette situation provisoire devait durer cependant un temps assez long, puisque nos petits locataires séjournèrent à la Maison Aron jusqu'au 1ᵉʳ avril 1920.

*
* *

L'année 1919 devait débuter par des deuils qui venaient encore augmenter la liste déjà bien trop longue de ceux que nos hôpitaux avaient dû supporter depuis le début de la guerre.

Après le décès récent d'une infirmière de l'Hôpital civil, Mlle Jeanne Rondez, survenu le 16 décembre précédent, nous avions à nouveau à regretter, le 6 janvier, celui de Sœur Cécile Van Deick, de notre hospice Saint-Julien, succombant par suite des fatigues de la guerre, à un âge prématuré. Le 10 janvier, nous avions encore à enregistrer celui d'un de nos infirmiers de l'Hôpital civil, M. Jean Petitjean.

Le 18 février suivant, nous apprenions en outre, non sans de vifs regrets, le décès à Paris d'un de nos ex-grands professeurs de la Faculté de Médecine de Nancy, M. le professeur Bernheim. Cet illustre Maître avait, pendant de trop longues années, dirigé l'un des principaux services de notre Hôpital civil et avait, par sa science réputée, trop contribué à donner du renom à notre grand établissement, pour que cette mort ne vînt pas amèrement nous toucher !

Un événement qui nous causa quelque peine aussi, était survenu le 13 février. Nous vîmes Mme Sœur Marguerite Daval, Supérieure de l'hospice Saint-Julien, quitter ses importantes fonctions qu'elle remplissait avec tant de compétence et de cœur depuis quatre années, pour rentrer à la maison-mère de sa Congrégation, où elle était appelée à une mission spirituelle de toute confiance.

Nous ne pûmes que nous incliner devant les considérations d'ordre majeur qui avaient dicté la décision de Mme la Supérieure générale ; mais, si justifié que pût être ce rappel, il ne pouvait s'effectuer sans quelque peine pour nous. Sœur Marguerite s'était trop dévouée auprès de nos vieillards sous les bombardements ; elle avait trop contribué à la bonne gestion de son établissement ; elle s'était trop dépensée au cours de l'évacuation de nos hospitalisés sur le département du Calvados et, en toutes circonstances, s'était trop montrée de relations faciles et aimables, pour qu'en quelques heures ses services et le souvenir de sa personne puissent être effacés de notre esprit. C'est pour ces motifs qu'elle comprenait trop bien que Mme la Supérieure générale proposa à la Commission administrative, pour succéder à Sœur Marguerite Daval, une religieuse pour laquelle nous avions déjà une profonde estime, Mme Sœur Gertrude Haas, qui, pendant neuf mois, avait rempli les fonctions de supérieure intérimaire à Lisieux. Cette proposition nous fut agréable, car si elle ne pouvait effacer nos regrets du départ de Sœur Marguerite, elle nous assurait une collaboratrice digne de lui succéder.

*
* *

Dès le printemps de l'année 1919, la Commission administrative entreprit la remise en ordre de ses établissements. Nous parlons de remise en ordre, parce que de multiples organisations de fortune, imposées par les circonstances de guerre, étaient venues modifier leurs installations et leur fonctionnement du temps de paix.

Un de ses premiers travaux fut de redonner au service des malades contagieux son organisation normale. Dans ce but, elle s'occupa, en avril, du retour de ce service de l'hôpital Villemin sur l'Hôpital civil.

La Commission administrative donna en outre à chaque service son affectation régulière. Elle se préoccupa pendant plusieurs mois de restituer à l'Intendance l'important matériel de literie militaire qui avait été mis à sa disposition. Ce fut un gros travail, car après quatre années de fatigue, les objets de literie avaient besoin d'une réfection à laquelle il fallut préalablement procéder; mais, petit à petit, nous en vîmes le bout, et nos comptes d'inventaire avec l'Intendance militaire se réglèrent amiablement.

Au cours des premiers mois de l'année 1919, nous vîmes aussi revenir des hospices de Semur-en-Brionnais et de Bois-Sainte-Marie (Saône-et-Loire) les infirmes et les incurables, qu'au moment des évacuations, en janvier 1918, nous y avions envoyés par ordre de la Préfecture de Meurthe-et-Moselle.

Le 18 juillet, nous avions un nouveau deuil à enregistrer, celui d'une de nos infirmières de l'Hôpital civil, Mlle Pauline Boiteux.

Toute l'année 1919 se passa enfin en actives réorganisations de toutes sortes que, dans la crainte de trop charger ce travail, nous ne voulons pas détailler davantage. Nous estimons, en effet, ce détail inutile; mais disons cependant que, grâce au zèle de notre personnel, nous avons pu assez rapidement redonner à nos établissements leur allure des temps passés. Malheureusement, il est des traces que personne ne put effacer et qui subsisteront : ce sont les vides douloureux laissés par ceux des nôtres qui ont succombé à la tâche, victimes du devoir, ou sont tombés glorieusement sur les champs de bataille !

* *

Comme les années précédentes, l'année 1919 amena encore pour nos hôpitaux certaines récompenses qu'il convient de relater.

Le 23 janvier, nous avions la joie de voir reconnaître les éminents services de M. Gustave Simon, maire de Nancy, qui se vit décerner, par le Commandant en chef des armées françaises, la croix de guerre avec une citation des plus élogieuse à l'ordre du Corps d'armée.

Le même jour, Mme la Supérieure de l'hôpital Marin, Sœur Ferdinand Burtin, recevait de M. le Ministre de l'Intérieur la médaille d'honneur en vermeil des épidémies, pour son dévouement auprès des tiphyques et plusieurs malades atteints d'affections contagieuses graves, auprès d'un desquels elle contracta un phlegmon infectieux qui faillit lui coûter l'existence.

Le 18 février, notre honorable vice-président, M. Alfred Krug, voyait ses services récompensés par la médaille de 1re classe de la Reconnaissance française (médaille de vermeil).

A la même date, Mme Sœur Marguerite Daval, ex-Supérieure de notre hospice Saint-Julien, et Mme Druesne, née Joséphine Mondlange, interne de guerre de nos hôpitaux, se voyaient reconnaître leurs services par la médaille de 2e classe de la même distinction (médaille d'argent).

Le 2 avril, M. Louis Mériam, chirurgien-dentiste de nationalité américaine, qui fut si dévoué pendant toute la guerre dans un de nos services de chirurgie de l'Hôpital civil, et M. le docteur Pinth, de nationalité luxembourgeoise, interne de guerre de nos hôpitaux, qui ne marchanda jamais sa collaboration pendant plus de quatre années, même sous les bombardements les plus violents, recevaient la médaille de 3e classe de la même distinction (médaille de bronze).

Le 10 avril, la belle conduite de M. Alfred Krug, notre vice-président, et celle de M. Albert Jambois, conseiller général, notre ordonnateur, étaient portées officiellement à la connaissance du pays en termes particulièrement élogieux.

Le 15 juin, Mme Sœur Laurence Duval, Supérieure de nos hôpitaux H.-Maringer et Villemin, recevait de M. le Ministre de la Guerre, pour son dévouement auprès des militaires contagieux, la médaille d'honneur en argent des épidémies, pendant que Mme Druesne, née Joséphine Mondlange, pour les mêmes motifs recevait la médaille de bronze.

Le 25 août, nous voyions M. le Ministre de l'Intérieur récompenser par la médaille de bronze de l'Assistance publique le dévouement et les longs et précieux services de :

Mmes Sœur Cécile Lescat, attachée depuis plus de 34 ans à l'Hôpital civil ;
Sœur Valérie Gigleux, attachée depuis plus de 40 ans à l'Hôpital civil ;
Sœur Marguerite Dardaine, attachée depuis plus de 21 ans à l'Hôpital civil ;
Sœur Théodule Schneider, attachée depuis plus de 45 ans à l'hospice Saint-Julien ;
Sœur Célina Lassausse, attachée depuis plus de 30 ans à l'hospice Saint-Stanislas.

MM. Adolphe Koch, chef de bureau du secrétariat des hospices depuis 20 années ;
Christophe Wéber, infirmier-panseur, attaché depuis 28 ans à l'Hôpital civil ;
Jules Guéret, chef-tailleur, attaché depuis 35 ans à l'orphelinat de l'hospice Saint-Stanislas ;
Joseph Gigant, chef-menuisier, attaché depuis 32 ans à l'orphelinat de l'hospice Saint-Stanislas ;
Émile Bruneau, chef-jardinier, attaché depuis 25 ans à l'orphelinat de l'hospice Saint-Stanislas.

Mlles Nathalie Hardelle, infirmière, attachée depuis 32 ans
à l'Hôpital civil ;
Amélie Luquer, infirmière, attachée depuis 32 ans
à l'Hôpital civil ;
Victorine Pennequin, infirmière, attachée depuis
26 ans à l'Hôpital civil ;
" Marie Baradel, infirmière, attachée depuis 47 ans
à l'hospice Saint-Julien.

Le 30 septembre, Mlle Gabrielle Olivier, ex-directrice de l'hôpital de l'ancien Grand-Séminaire, se voyait à bien juste titre accorder la médaille de 2e classe de la Reconnaissance francaise (médaille d'argent), pendant que M. Henri Olivier, son père, ex-administrateur local du même établissement, recevait, en même temps que notre Sœur Supérieure des hôpitaux H.-Maringer et Villemin, Mme Sœur Laurence Duval, la médaille de 3e classe de la même distinction (médaille de bronze), pour leur dévouée collaboration de guerre.

Nous ne pouvons clore cette longue liste de récompenses sans y ajouter celle qui, pour nous, fut la plus belle, celle qui tient le plus au cœur de tous les Nancéiens qui, pendant les quatre années et demie de guerre, ont rempli hautement leur devoir patriotique dans la vieille capitale des Ducs.

Pendant que nos vaillants soldats interdisaient au Boche l'accès de notre territoire, Nancy était au cours de la guerre, à plusieurs reprises, menacée de l'invasion et constamment mutilée par les bombardements de toutes sortes.

Courageusement, la population supporta cette vie de supplice et d'épreuves. Malgré ses deuils et ses ruines, jamais elle ne se laissa aller au découragement. Le mot d'ordre était de tenir ; elle tint jusqu'au bout ! Pour elle et ses intrépides défenseurs, comme l'a déclaré M. le Président de la République dans son discours prononcé à Nancy, le 12 octobre 1919, à l'occasion de la remise des deux décorations qui furent décernées à Nancy, jamais les armoiries de la ville ne reçurent des faits une plus éclatante justification !

Ce sont les épreuves, les sacrifices et le courage stoïque de chacun de ses enfants que le Gouvernement voulut récom-

pènser en ornant le blason de la Cité de la croix de la Légion
d'honneur et de la croix de Guerre !

C'est le patriotisme ardent et la foi inébranlable de tous
nos courageux concitoyens qui furent ainsi reconnus. Le
petit, comme le grand, se trouva à l'honneur ; le fonctionnaire,
comme le commerçant et l'industriel, les établissements
charitables et les collectivités de toute nature, comme chaque
citoyen.

Pour tous, ces deux hautes distinctions représentent le
sentiment du devoir accompli que, comme un précieux
héritage, on transmettra en exemple aux générations futures !
Pouvons-nous faire mieux que de rappeler les termes de la
superbe citation qui accompagna le décret présidentiel du
11 octobre 1919, par lequel la Légion d'honneur fut conférée
à Nancy :

*Ville dont l'ardent patriotisme s'est affirmé magnifiquement au
cours des épreuves de la guerre.*

*Directement menacée, a assisté avec le plus beau courage à la
bataille du Grand-Couronné, livrée pour la défendre. Bombardée par
avions, puis par pièce à longue portée, n'a jamais, malgré toutes les
souffrances, perdu son sang-froid.*

A bien mérité du Pays (Croix de Guerre).

Peu de jours après la remise officielle de la croix de la
Légion d'honneur et de la croix de Guerre à la Ville de Nancy,
M. le Président de la République, sur la proposition du
Gouvernement, et après la ratification par les Chambres du
traité de paix signé au palais de Versailles, le 28 juin précédent, signait à son tour, le 24 octobre, le décret de cessation
des hostilités.

Nous étions désormais en état de paix. Pendant qu'une
partie de nos troupes et de celles de nos alliés continuait à
monter sur le Rhin une garde qui sera maintenue le temps
prévu par le traité de paix, en vue de permettre à la nation
de profiter de la victoire si chèrement acquise, chaque
Français avait l'impérieux devoir de se remettre à l'œuvre
pour effacer au plus tôt les traces néfastes de la guerre et
redonner à notre pays un essor de prospérité !

II

Difficultés Économiques et Financières

En raison de sa nature particulière, nous avons pensé traiter dans un chapitre spécial l'importante question des difficultés économiques et financières que nos hôpitaux ont rencontrées pendant la longue période des hostilités.

Les besoins impérieux de la défense nationale, les effets du blocus ennemi, les difficultés de transport, le manque de main-d'œuvre et de matières premières qui ont bouleversé la vie économique du pays, ont parfois aussi jeté des troubles bien profonds dans celle propre à nos hôpitaux et dans l'assise de leur situation budgétaire.

Le fait n'a en soi rien de surprenant, si l'on songe qu'il ne leur a pas été particulier, puisqu'il s'est étendu non seulement à toute la France, mais au monde entier, où il n'est pas âme qui n'ait ressenti l'effet néfaste de la guerre !

L'état de chose que cette situation a fait naître, les travaux nouveaux qu'elle a imposés, les initiatives qu'elle a dû provoquer, les soucis qu'elle a causés, n'en ont pas moins rendu la vie difficile et parfois même bien pénible !

Fort heureusement, dans nos hôpitaux, bien avant la guerre, depuis de nombreuses années déjà, on avait amassé petit à petit de gros stocks de linge et d'objets d'habillement de toutes sortes et on avait abondamment garni les magasins d'objets de pansements. Comme la fourmi, nos Sœurs avaient, en silence, économisé et constitué d'importantes réserves. Ce furent ces réserves qui valurent à nos établissements de pouvoir en partie supporter pendant les quatre années de guerre l'effort qui leur a été demandé.

Malheureusement, des difficultés d'ordre alimentaire, de chauffage, de transport et de main-d'œuvre vinrent singulièrement compliquer la vie quotidienne.

Aussitôt la mobilisation décrétée, la Commission administrative avait fait constituer d'importants stocks de farine, d'épicerie et de vin. En attendant de pouvoir réaliser une grosse provision de pommes de terre pour l'hiver, elle était parvenue à en acquérir, dans les communes environnantes de Nancy, une quantité assez importante en faisant procéder à l'arrachage par des équipes de vieillards et d'enfants. Elle avait acquis une bonne partie des stocks de chauffage (houille, anthracite, boulets ovoïdes, charbon de bois, etc.) entreposés sur les chantiers de la maison Jourde, qui se trouvait cette année-là notre adjudicataire. De sorte que, grâce à cet esprit de prévoyance, la situation économique ne revêtit pas pour nos hôpitaux un caractère grave et pénible pendant les premiers mois de guerre.

Dès l'automne de l'année 1914, le prix modique du vin permit de réaliser une importante provision qui constitua en même temps une opération financière merveilleuse. Dans ce but, la Commission s'était en effet décidée, dès la fin de l'année, à doter chacun de ses établissements de grands foudres en bois permettant d'emmagasiner, par les temps d'abondante récolte et, partant de là, de bon marché, une provision de deux années. La dépense de cette installation ne s'éleva pas à moins de 30.000 francs, mais fut largement couverte par le bénéfice qui fut réalisé par la passation directe d'un marché de vin rouge avec une maison de Perpignan.

Devant la crainte de manquer un jour, par suite des événements de guerre, la Commission remplit sans retard ses foudres aussitôt mis en place ; 3.000 hectos de bon vin rouge 10°, acquis au prix de 22 francs l'hecto, permirent ainsi de réaliser un bénéfice extrêmement important, car au bout de quelques mois le prix du vin augmenta et passa, par bonds successifs, de 22 francs à 42 francs l'hecto, puis, sans arrêt, monta progressivement, alors que pendant deux années nous pûmes vivre sur la réserve constituée. De cette façon, les foudres dont nos caves sont désormais dotées furent grandement payés par l'excellente opération effectuée. Quant à la viande, elle était, au début, acquise chez l'adjudicataire régulier ; il suffisait d'aller en prendre possession à son magasin.

Mais, au cours de l'année 1915, la situation commença à se compliquer. Notre adjudicataire de viande ayant été mobilisé, nous dûmes avoir recours au Service de l'Intendance de l'armée. Au moyen de notre voiture d'ambulance, il nous fallait aller chaque jour à l'abattoir chercher de la viande qui nous était cédée, puis la débiter et la répartir, par nos propres moyens, dans chacun de nos établissements.

Les véritables difficultés ne commencèrent toutefois qu'en 1916, pour s'accentuer jusqu'à la fin de la guerre.

Le problème du pain fut certes, au cours des trois dernières années, celui qui revêtit le caractère le plus inquiétant. Il nous fallut faire subir à notre personnel et à notre population d'hospitalisés le rationnement imposé par le Gouvernement. Disons, à ce sujet, que nous dûmes à diverses reprises prêter notre concours à la Municipalité et au Service du Ravitaillement départemental, pour procéder à des essais de panifications de différentes natures, dans le but de fixer pour la ville et le département le prix de vente du pain ou d'introduire dans sa fabrication la pomme de terre ou des farines étrangères à celles de froment.

Nous profitâmes des expériences de nos essais pour continuer pendant de longs mois une panification avec 15 °/₀ de pommes de terre dont nos hospitalisés n'eurent pas à se plaindre. En effet, outre que le tubercule améliora à la panification la qualité de la farine, son introduction dans le pain nous permit d'augmenter chaque jour, pendant longtemps, la quantité réglementaire fixée pour chaque bouche à nourrir.

La crise du charbon fut aussi particulièrement pénible. Nous avons connu des périodes où nous n'eûmes plus d'avance que pour quelques jours. C'est cependant au cours de l'hiver 1916-1917 que la situation revêtit à ce point de vue la forme la plus grave. C'est au jour le jour qu'à cette époque nous vécûmes pendant plusieurs mois !

Les difficultés de transports vinrent encore compliquer à chaque instant notre tâche. Tantôt c'était du manque de vin dont nous étions menacés, tantôt de celui de légumes secs, tantôt de celui de pommes de terre et parfois, chose plus grave encore, nous faillîmes manquer de farine.

Nous pûmes cependant arriver à vaincre partiellement la question des difficultés de transport. L'Autorité militaire, reconnaissante du précieux concours que lui apportaient nos hôpitaux par une large hospitalisation des militaires, nous facilita bien des expéditions et nous offrit — combien de fois ! — l'appoint de ses camions automobiles pour des transports dans la région.

Le manque de main-d'œuvre nous occasionna en outre bien des soucis. Pour diriger d'importants établissements hospitaliers comme les nôtres et en gérer tous les services annexes, il faut un grand nombre de petits collaborateurs, sur lesquels on éprouve le besoin de s'appuyer. Pendant les trois premières années, il nous fut possible d'arriver à parfaire aux besoins de nos services, mais ce fut déjà avec peine. Nous y parvînmes cependant, grâce aux éléments que nous pûmes recruter parmi les réfugiés des villages lorrains installés dans les casernes Molitor et Drouot. Ce fut après leur transfert sur le département du Calvados, en février 1918, que nous connûmes davantage la gêne, attendu que les évacuations nous avaient également enlevé l'aide que nous trouvions dans l'utilisation des vieillards valides de l'hospice Saint-Julien. Cependant, grâce au dévouement extrêmement méritoire de nos petits collaborateurs de toutes catégories, nous pûmes en tout temps arriver à faire face aux besoins de la situation.

Nous avons énuméré les principales difficultés économiques que nous avons rencontrées pendant les cinq années de guerre, mais il en existe beaucoup d'autres de différentes natures qui vinrent nous rendre le ravitaillement difficile. Notre situation géographique dans Nancy, ville frontière, par conséquent à proximité du front, les bombardements aériens et ceux par pièce à longue portée, les opérations militaires, la menace d'invasion, étaient autant de causes qui troublaient à tout instant le fonctionnement normal de notre vie économique.

Malgré toutes les difficultés rencontrées, l'exploitation de nos propriétés n'en a pas moins été continuée d'une façon normale. Nous ne parlons pas, bien entendu, de nos propriétés suburbaines qui, se trouvant dans la zone des opérations militaires, ont été en partie détruites ou ravagées par l'ennemi. Nous ne parlons que de nos terrains potagers situés *intra muros*.

Outre que, pour répondre à l'appel des autorités locales, elle transforma momentanément pendant la guerre les jardins d'agrément, dont chacun de ses établissements est doté, en carrés de légumes de toutes sortes, la Commission mit en valeur une immense propriété située sur la commune de Tomblaine.

Deux années avant la déclaration de guerre, la Commission administrative, sur l'initiative de son vice-président M. Krug, avait fait, au moyen du prix de vente d'un jardin situé rue de Turique et légué aux hospices par Mlle Sauveget, l'acquisition d'un terrain de 5 hectares auprès de Mme veuve Brunet, propriétaire à Tomblaine.

Destinant ce terrain à la création d'immenses jardins potagers pour l'alimentation en légumes de trois de ses établissements, la Commission l'avait fait entourer de murs, y avait tracé des routes praticables, l'avait réparti en carrés de différentes dimensions et y avait planté des arbres fruitiers.

Les travaux d'organisation en étaient là quand la guerre éclata, et c'est à peine si l'année précédente on avait pu commencer à donner quelques coups de bêche pour ensemencer et planter certaines parties du jardin. Malgré les difficultés de main-d'œuvre et de camionnage, la Commission ayant obtenu à titre gratuit, de la Municipalité de Nancy, la mise à sa disposition de tout le fumier de l'abattoir, très abondant pendant la guerre, elle en fuma pendant près de quatre années sa propriété qu'il fallut préalablement défricher à la main d'un encombrant chiendent. Petit à petit, la terre de champ devint ainsi une bonne terre de jardin.

Nous devons, ici, rendre un hommage bien mérité à la mémoire de M. Burté, conseiller municipal de Nancy, décédé peu après la fin des hostilités, qui en l'absence de M. Thirion, directeur des promenades, mobilisé, assura volontairement cet important service et, à ce titre, se montra extrêmement bienveillant pour nos hôpitaux, particulièrement dans l'organisation de leur propriété de Tomblaine. La Commission fit ensuite poser des fils de fer tout le long des murs pour palisser les arbres fruitiers et termina les routes commencées ; elle fit creuser une fosse pour recueillir l'eau nécessaire à l'arrosage ; elle apporta enfin de multiples améliorations qui font aujourd'hui de ce terrain d'exploitation, qui peut être montré avec avantage, une propriété de rapport de laquelle la partie agrémentée n'est pas exclue.

Récemment, la Société d'horticulture de Nancy a tenu d'ailleurs à reconnaître publiquement toute l'importance de l'effort accompli pendant la guerre, la plupart du temps avec des moyens de fortune et encore souvent très réduits, en décernant aux hospices un diplôme d'honneur et, à deux de ses jardiniers, qui ont participé à la création de la propriété, MM. Charles Louviot et Émile Bruneau, une médaille de vermeil.

Nous pouvons donc dire que si nos établissements hospitaliers ont, au cours de la guerre, connu au point de vue économique des difficultés d'où est résultée parfois la gêne, jamais, grâce au dévouement de tout instant de notre service d'économat et de nos dames supérieures, nos hospitalisés et notre personnel n'ont connu en quoi que ce soit la disette.

Nous croirions manquer à notre devoir si, en terminant la première partie de ce chapitre, nous ne rendions pas un particulier hommage au dévouement de M. Gustave Simon, maire de Nancy, de M. le conseiller Antoine, délégué au ravitaillement municipal, et de son personnel, de M. Pierreville, secrétaire général de la Mairie de Nancy, qui en toutes circonstances nous ont grandement facilité notre tâche.

Nous n'oublions pas non plus, dans cet hommage, M. le conseiller de préfecture Burnouf, délégué au ravitaillement départemental, puis son successeur, M. le conseiller Carau, qui dans la tâche écrasante qu'ils assurèrent pour le ravitaillement de la population, ne nous ont jamais ménagé leur précieux concours et nous ont fait bénéficier, bien souvent, de très avantageux marchés, notamment par des acquisitions sur les stocks de l'armée française et de l'armée américaine.

A tous, nous conservons une bien profonde gratitude pour les services qu'ils nous ont rendus.

Mais, pour bien démontrer l'importance des difficultés rencontrées, il faut ajouter que chacune de celles ressenties au point de vue économique eut sa répercussion au point de vue financier.

En temps de paix, nous avions toujours pu maintenir notre budget en situation prospère. Si l'excédent de recettes accusé au compte administratif après chaque clôture d'exercice n'était pas très important, il était cependant le résultat d'une gestion opérée en donnant à nos hospitalisés le maximum de bons soins et de confort et en dotant assez largement nos services médicaux de l'outillage pratique qui leur était nécessaire.

Mais, dès le début de la guerre, l'assise normale de notre situation budgétaire s'était trouvée ébranlée.

De multiples créances nous étaient dues par la population des communes envahies du département. Il n'était pas possible d'en poursuivre le recouvrement, ou il fallait tout au moins temporiser pendant fort longtemps pour y procéder. Nos propriétés suburbaines étaient aussi occupées par l'ennemi ou par les troupes françaises, ne nous procurant plus ainsi un revenu qui, avant la guerre, contribuait chaque année à alimenter partiellement notre dotation.

Survint ensuite le renchérissement de toutes les matières premières et de toutes celles consommables, d'où résulta l'ascension continuelle du coût de la vie. Il fallut en supporter inévitablement les conséquences et s'efforcer de provoquer des ressources nouvelles pour y faire face, dont la réalisation fut souvent difficile, en raison des inconvénients multiples provoqués par notre proximité du front.

Il nous fallut enfin suivre le mouvement des améliorations sociales dont la cherté de la vie posa l'ardu problème. Les traitements et les salaires, notamment, furent élevés de façon à permettre à nos collaborateurs de faire face aux nécessités de l'existence.

Pour maintenir à notre budget hospitalier un fonctionnement à peu près normal, la Commission administrative dut procéder à de nombreux travaux administratifs.

Dès le début de la guerre, ayant ouvert très largement ses portes aux malades et blessés militaires, elle pensa à s'assurer en compensation le concours financier de l'État sur des bases régulières et équitables. C'est pour obtenir des garanties formelles que, dès le début de l'année 1915, elle passa une convention spéciale pour la durée de la guerre avec le Service de Santé militaire. Chaque année, en outre, elle sollicita de l'État le remboursement des différences de prix existant entre les prix payés par le Service de Santé au cours de l'année précédente et ceux accusés en fin d'exercice à l'établissement des prix de revient. C'est ainsi qu'à titre de rappel, la Commission encaissa, pour les cinq mois de guerre de l'année 1914, la somme de 135.936 fr. 70; pour l'année 1915, celle de 122.759 fr. 75; pour l'année 1916, celle de 60.409 fr 08 ; pour l'année 1917, celle de 140.180 fr. 14; pour l'année 1918, celle de 134.618 fr. 76; pour l'année 1919, celle de 11.812 fr. 34; soit un rappel total de 605.716 fr. 77. Elle toucha ainsi, avec l'hospitalisation des militaires pendant quatre années et demie de guerre, soit par versements immédiats en fin de chaque trimestre, soit par ceux effectués en fin d'année à titre de rappel, une somme globale de 2.666.713 fr. 32.

La Commission administrative s'efforça aussi de maintenir autant que possible ses prix de journées d'hospitalisés civils en rapport avec les prix de revient. Tous les prix de journées furent revisés aussi souvent qu'il fut nécessaire et possible. Il en fut de même pour les prix payés dans les Pensions Bon-Secours et Saint-Julien. C'est ainsi que les prix de journée appliqués dans nos hôpitaux au Service d'Assistance varièrent progressivement de 3 fr. 20 à 3 fr. 60, puis de 3 fr. 60 à 4 fr. 50; enfin, à la suite des évacuations de février 1918, de 4 fr. 50 à 7 fr. 08. Les prix imposés aux petits payants en salles communes furent tenus à des taux légèrement supérieurs à ceux des prix d'assistance.

Le prix de journée payé pour les vieillards assistés à l'hospice Saint-Julien et celui, identique, supporté par le

Service de l'Assistance publique pour les pupilles confiés à l'hospice dépositaire Saint-Stanislas, passèrent de 1 fr. 40 à 1 fr. 75, puis de 1 fr. 75 à 2 fr. ; enfin, de 2 fr. à 3 fr. 04.

A la Pension Bon-Secours, le prix de la journée en 3ᵉ classe passa de 6 fr. à 8 fr. ; puis de 8 fr. à 10 fr. ; enfin, de 10 fr. à 14 fr.

Celui de la journée en 2ᵉ classe passa de 8 fr. 50 à 12 fr., puis de 12 fr. à 14 fr. ; enfin, de 14 fr. à 17 fr.

Celui de la journée en 1ʳᵉ classe passa de 12 fr. à 16 fr. ; puis de 16 fr. à 18 fr. ; enfin, de 18 fr. à 20 fr.

Celui de la journée en hors classe passa de 20 à 25 fr.

A la Pension Saint-Julien, les tarifs passèrent successivement, pour la 3ᵉ classe, de 600 fr. à 700 fr. ; puis de 700 fr. à 1.100 fr. par année.

Pour la 2ᵉ classe, les tarifs passèrent de 800 fr. à 850 fr. ; puis de 850 fr. à 1.100 fr.; enfin, de 1.100 à 2.000 fr, par année.

Pour la 1ʳᵉ classe, les tarifs passèrent de 1.200 fr. à 1.600 fr.; puis de 1.600 fr. à 2.200 fr.; enfin, de 2.200 fr. à 2.800 fr. par année.

La Commission administrative dut encore entreprendre un important travail d'un caractère spécial : ce fut celui de la révision des charges des lits de fondation créés par des bienfaiteurs dans nos hôpitaux et hospices.

En Lorraine, où l'idée de la bienfaisance est plus développée peut-être que dans beaucoup de nos autres provinces françaises, les créations de lits dans les hôpitaux en faveur des malheureux se sont de tout temps grandement propagées. Très justifiées au temps où les lois d'assistance n'existaient pas encore, ces créations le sont moins de nos jours, où tout malade indigent a un droit incontestable aux soins que réclame son état, et tout vieillard ou incurable, au repos que commande son grand âge ou ses infirmités.

En faisant des fondations de lits, les bienfaiteurs avaient eu le désir de faire une bonne action. Mais s'ils avaient désiré faire le bien, ils avaient entendu que ce soit avec leurs propres ressources, en dotant les lits qu'ils créaient de revenus suffisants. Malheureusement, nos ancêtres qui vivaient il y a trois cents ans ou même seulement il y a un siècle, moins que nous encore, n'avaient pu prévoir le bouleversement économique et financier que nous constatons de nos jours.

Il s'en est suivi que des lits fondés à l'Hôpital civil, avec 72 ou 100 fr. de rentes annuelles, sont arrivés à coûter, comme fonctionnement, près de 3.000 fr. par année, en même temps qu'à l'hospice Saint-Julien et à l'hospice Saint-Stanislas, le coût d'un lit, pendant une même période, atteint aujourd'hui le taux de 1.200 fr.

La Commission administrative proposa alors aux collectivités (Ville de Nancy et communes du département), ainsi qu'aux particuliers, qui jouissaient du droit de présentation à l'occupation des lits, de proportionner le fonctionnement annuel de leurs lits au montant des rentes dont chaque lit était doté. La Commission, appuyant sa demande sur les avis de la jurisprudence en la matière et sur des arrêts antérieurs du Conseil d'État, fit en outre appel au bon sens des collectivités et des personnalités propriétaires de lits. Elle n'eut d'ailleurs aucune peine à faire adopter par tous sa manière de voir, et la révision des charges de plus de 600 lits de fondation fut ainsi effectuée. Les intentions des fondateurs sont d'ailleurs parfaitement respectées, puisque les lits continuent à fonctionner chaque année le temps que le permettent les capitaux dont ils sont dotés, et nos établissements sont, par contre, déchargés d'un surcroît de dépenses qui dépassaient par trop leur capacité.

Tous ces travaux administratifs, si importants dans leurs résultats, nous furent grandement facilités, grâce à l'intervention constante de notre ordonnateur, M. Albert Jambois, conseiller général, qui, sachant toujours concilier ses obligations de rapporteur du budget départemental et celles d'ordonnateur des dépenses de nos établissements, fut un intermédiaire précieux entre la Commission administrative et l'Autorité préfectorale.

Des dons généreux en nature et en argent émanant plus particulièrement de nos concitoyens vinrent aussi soulager, dans une petite proportion, les charges écrasantes de guerre de notre budget. Nous noterons plus spécialement ceux provenant de quêtes et de souscriptions faites en faveur des blessés militaires. Dès le mois d'août 1914, à peine M. Gustave Simon était-il investi des fonctions de maire de Nancy, qu'il donna à nos établissements une preuve de sa bienveillante sollicitude. Des quêtes devaient être faites dans les établissements publics et les églises en faveur des Sociétés de la Croix-Rouge Française et, dans le même but, des souscriptions devaient être ouvertes dans les banques. M. Gustave Simon voulut que le produit des sommes recueillies fut partagé par parts égales entre la Société de Secours aux Blessés Militaires, l'Union des Femmes de France et nos hôpitaux. La mesure bienveillante de M. Simon, dont nous lui gardons une bien sincère reconnaissance, eut pour effet de nous faire effectuer pendant la durée de la guerre des versements dont le total, représentant le tiers des encaissements, a atteint la somme de 100.611 fr. 15. Notons aussi, à titre de renseignement intéressant, le don du maréchal Foch fait à Mme la Supérieure de l'Hôpital civil pour les blessés de son établissement, d'un énorme bœuf congelé, qui avait été offert au Maréchal par les bouchers du Canada.

Ajoutons enfin, qu'au cours de la guerre nos hôpitaux reçurent deux legs importants : celui de Mme Vve Bertrand, domiciliée en son vivant à Nancy, place Saint-Georges, qui peut être évalué à 450.000 fr. ; et celui de Mme Vve Pister, en son vivant demeurant à Nancy, rue de la Commanderie, qui peut être évalué à 170.000 fr. Toutefois, ces deux legs étant grevés d'une affectation particulière, ne purent venir alimenter notre budget ordinaire et durent être réservés pour exécuter les intentions généreuses des deux bienfaitrices qui les avaient faits.

Malgré tous ses efforts et les dispositions prises, la Commission administrative ne put arriver à terminer la guerre en équilibrant son budget; les troubles que pendant quatre années et demie il avait dû subir ayant été trop profonds. Si l'on constate en effet que, pour des quantités à peu près égales, les marchandises restant en magasins à la fin des hostilités représentaient sept fois la valeur de celles existantes au 31 décembre 1914, il est facile de se rendre compte de l'importance des fonds de roulement qui sont maintenant nécessaires pour donner à notre budget une élasticité indispensable. Malgré cela, on peut espérer que dans un avenir prochain, grâce aux mesures énergiques que depuis quelques mois la Commission a été enfin à même de pouvoir prendre, la situation financière de nos établissements sera redevenue normale et permettra d'envisager dans nos divers services des améliorations rendues bien désirables par les besoins de la science et du progrès, dont nos malades sont les premiers bénéficiaires.

III

Nos Collaborateurs de Guerre

Grâce à tous les concours volontaires qui, répondant à notre appel du 1ᵉʳ août 1914, vinrent à nous avec une spontanéité et un entrain dignes de la plus grande admiration, nos hôpitaux purent supporter le choc formidable des premières batailles qui, du 15 août au 12 septembre, se déroulèrent aux portes de Nancy.

Malgré le dévouement au-dessus de tout éloge, qu'aucun mot ne peut rendre, de nos professeurs, de nos Sœurs de Saint-Charles et de tout notre personnel, jamais en effet, sans ces précieux éléments de renfort de nos cadres en grande partie détruits par la mobilisation, nous n'aurions pu arriver à faire face à la tâche écrasante des journées d'août et septembre 1914.

Il nous a donc été donné d'apprécier à leur juste valeur les importants services que nous ont rendus ces dames, ces jeunes filles et ces concitoyens au dévouement desquels il nous est particulièrement agréable de rendre ici un hommage hautement mérité.

Aussi croirions-nous manquer gravement à notre devoir en ne citant pas les noms de tous ces dévoués collaborateurs de guerre. Nous les grouperons pour cela suivant un ordre de service et, pour les énumérer, nous emprunterons l'ordre alphabétique.

Services Médicaux

MM. les docteurs : ADAM, GŒPFERT, KNŒPFLER, Louis MICHEL et Jules STERNE, de Nancy.

MM. les chirurgiens-dentistes : GUIDON, MÉRIAM, MARTIN-DOUYAT, SKOSOWSKI, de Nancy.

Les étudiants ci-après de la Faculté de Médecine de Nancy : M. ARNOUX, Mlle BRINTCHEVA, M. CHAMPION, M. CHARLES, M. COURRIER, M. FRANCFORT, M. GROSDIDIER, M. J. HAUSHALTER, M. HOUIN, M. ILLICHT, Mlle ILLICHT, M. JOLLY, M. JOUBLOT, M. KLEINPETER, M. KOSTICH, M. F. LAMBERT DES CILLEULS, Mlle LAURENT (interne provisoire), Mlle LUCARD, M. MAGRON, M. MARCHAND, Mlle MELENTTIEWICHT, Mlle J. MONDLANGE (externe), M. PERROT, M. PICARD, M. PINTH, M. ROLLING, M. SOLIER, M. THIÉBAULT, M. VIRIOT.

MM. les docteurs : LEVEUF et SERGUIEFF, de la Faculté de Médecine de Paris.

Les étudiants ci-après, de la Faculté de Médecine de Paris : M. BARSEGOFF, Mlle BEOGRADATZ, M. CRISPIN, M. FRUCHT, M. GADOL, Mlle GANGLOFF, Mlle GERMAN, M. GOLDBERG, M. GOSSINY, M. HAMBERT, Mlle HENNEQUIN, M. KALDERON, M. KOGLOSKI, M. KRICH, M. MATHIEU, MM. MAIMOUNKOFF (Arsène et Boris), Mlle MOWCHENSON, M. PILKOW, M. RADISCH, M. RIGAULT, M. ROTH, M. TER AKOPIANTZ, M. VOLLING, M. et Mme ZAIDEMBERG.

M. ROTHÉ, professeur à la Faculté des Sciences de Nancy.

Services Administratifs

Hôpital Civil :

M. PIERRON, directeur d'assurances, secrétaire recenseur au bureau militaire ;

M. PERNET, inspecteur d'assurances, secrétaire recenseur au bureau militaire ;

M. Casimir SCHMITT, représentant de commerce, secrétaire recenseur au bureau militaire ;

M. WOLFLING, capitaine de génie en retraite, secrétaire recenseur au bureau militaire ;

Mme SAINT-REMY, Mlles A. BAGARD, G. CABOCHE, E. CROUZIER, A. et M.-L. DANCHAUD, S. HAILLARD, M. LAJEUNESSE, M. MORLOT, M. PIERROT, G. SIMONIN, et E. WAGNER.

Hôpital H.-Maringer :

M. Gœtchy, directeur d'assurances, chef du bureau militaire ;
M. Devineau, sans profession, secrétaire au bureau militaire ;
M. Lehaye, sans profession, secrétaire au bureau militaire.

Hôpital Villemin :

M. l'Abbé Masson, aumônier de l'hôpital Villemin, chef du bureau
militaire ;
M. Albert Gross, sans profession, secrétaire au bureau militaire ;
M. Lambert des Cilleuls, secrétaire honoraire de la Faculté de
Médecine, secrétaire au bureau militaire.

Hôpital Marin :

M. Besles, dessinateur, chef du bureau militaire;
M. Lafond, comptable, secrétaire au bureau militaire ;
M. Madiesse, comptable, secrétaire au bureau militaire.

Hôpital de l'Ancien Grand-Séminaire :

M. H. Olivier, secrétaire de l'Université de Nancy, adminis-
trateur de l'Hôpital ;
Mlle G. Olivier, sans profession, infirmière en chef, directrice de
l'Hôpital ;
Mme Olivier, sans profession, économe de l'Hôpital;
M. Grimbert, comptable, secrétaire de l'Hôpital;
M. Lamarche, industriel, chef de dépense de l'Hôpital.

Ambulance de la rue Pichon (de M. et Mme P. Couillard) :

M. Paul Couillard, administrateur des Laiteries Saint-Hubert,
administrateur de l'ambulance ;
Mme Paul Couillard, sans profession, infirmière en chef, directrice de l'ambulance.

Ambulance Saint-Pierre (de Mlle M. Duré) :

Mlle Mathilde Duré, directrice de pensionnat de jeunes filles,
dame infirmière, directrice de l'ambulance.

Dames infirmières

Hôpital civil :

Mme ADAM, Mlle M.-L. ADAM, Mlle L. ANCELIN, Mlle A.-M. AUBRIOT, Mlle S. AUBRY, Mlle A. BAGARD, Mlle G. BALAY, Mme BALLAND, Mlle M. BALTIE, Mlle G. BARBIER, Mlle M. BEAUZÉE, Mlle M. BERGERET, Mlle M. BENA, Mlle A. BERNARD, Mme BESNER, Mlle M. BERTEVILLE, Mlle Y. BOISSILLOT, Mme BOMBARDIER, Mlle J. BROUHOT, Mlle J. BOURION, Mlle H. BRULARD, Mme BURTAL, Mme CABOCHE, Mme P. CAHEN, Mme CHALON, Mlle P. CHENET, Mlle M.-L. CHERÉ, Mme LAMBERT DES CILLEULS, Mlles Geneviève et Yolande DES CILLEULS, Mme CLAUDE, Mlle E. CLEISZ, Mlle M. COLLE, Mlle L. CUGNOT, Mme DEDENON, Mlle M. DEHAYE, Mme DENICOURT, Mme DOREZ, Mlle G. DROUIN, Mme DURAND, Mme FAIRISE, Mme FARNIER, Mlle M. FERLIN, Mlle M. FERRY, Mme et Mlle FISSON, Mme FLOQUET-FERLIN, Mlle M. FRANÇOIS, Mlle Y. FRANÇOIS, Mlle A. GENAY, Mme GEIGER, Mme GEORGES, Mlle M. GERTLER, Mlle M. GOUBLAIRE, Mlle E. GRANDCOLAS, Mlle E. GRANDJEAN, Mlle M. GRAY. Mme G. GROS, Mlle M. GRUY, Mlle M. GUILLAUME, Mme HANRION, Mlle J. HENNELER, Mlle M. HENNEQUIN, Mlle J. HERBIER, Mlle C. HURSTEL, Mlle M. IMBS, Mlle A. JACQUEMIN, Mme JAMBOIS, Mlle KERCHER, Mme A. KRUG, Mlle H. KRUG, Mme LABATUT, Mme LANDLING, Mme LAROCHE, Mlle G. LEJAILLE, Mme P. LÉVY, Mme S. LÉVY, Mlles Suzanne, Germaine et Paulette LHUILLER, Mme MAEDER, Mlle M. MAEDER, Mme MAYEUR, Mlle A. MEHUT, Mlle J. MENIER, Mlle MERET, Mme MERTZ, Mlle M. MEYER, Mlle J. MUHR, Mlles Madeleine et Louise MIGEVANS, Mlle M. MORLAINCOURT (DE), Mlle M. NOEL, Mlle D. PACOTTE, Mlle A. PAROT, Mme PETITJEAN, Mme PETIT-MANGIN, Mlle C. RAIZIER, Mlle R. REGNAULT, Mme RENARD, Mlle J. RENAUD, Mme RIEGERS, Mlle V. ROUSSEL, Mme ROVEL, Mlle Y SCHMITT, Mme SCHOUMACHER, Mlle C. SÉMÉLADIS, Mme G. SIMON, Mlles Marie-Thérèse et Suzanne SIMON, Mlle Elisabeth SIMON, Mme SORDOILLET, Mlle M. SPIEGEL, Mme J. STERNE, Mme SUTTER, Mme TASC, Mme TOUSSAINT, Mlle G. TOUSSAINT, Mlle L. THOUVENIN, Mlle F. VACHER, Mlle J. VASTER, Mme VIDAL, Mme WEILER, Mlle A. WILD, Mlle M. WOLF, Mlle S. WOLFLIN, Mlle M. WOLFROM, Mlles Hélène et Louise WIRTZ, Mlle ZURCHER.

Hôpital Maringer :

Mlle L. Betous, Mlle J. Boissillot, Mlle M. Gray, Mlle Hess, Mlle L. Joseph, Mme Jérôme Lévy, Mme Lucette Lévy, Mlle Maire, Mlle Melchior, Mlles Louise et Georgette Trocart.

Hôpital Villemin :

Mlle J. Boulangié, Mlle L. Cordier, Mlles Pauline et Marie Caillard, Mme Gauthier, Mme Moret, Mme Pierre, Mme Revelly.

Hôpital Marin :

Mme Dupont, Mlle M. Dupont, Mlle M. Guelbe, Mlle J. Kaps, Mlles Olga et Geneviève Legrand, Mlle J. Michon, Mme J. Parisot, Mlle A Philippi, Mlle A. Reine, Mme Winstel.

Hôpital de l'Ancien Grand-Séminaire :

Mme Barraud, Mlle Barroyer, Mlle M. Bottelin, Mme Chavanne, Mme Claudin, Mlle J. Coiseur, Mlles Collin, Mlle J. Constantin, Mlle Dedun, Mlle M. Dentz Mlle M. Dudot, Mlle Dumont, Mlle Dussaux, Mlle Ferry, Mlle Florentin, Mlle Galacier, Mlle M. Garet, Mme Gourdon, Mlle Grossot, Mlle Huriet, Mlle Jeanvoine, Mlle P. Loumont, Mme Maèsle (de), Mlle Margonnet, Mme Mathis, Mme Michel, Mme Nègle, Mlle L. Nenning, Mme Nicolas, Mme Parentin, Mme Prouvet, Mme et Mlle Richalet, Mlles Yvonne et Marguerite Rupp, Mme et Mlle J. Siffert, Mlle Talent, Mlle Valtersberger, Mme Viriat, Mlle Viriot, Mme et Mlle Volucheneder, Mlle Vuillaume, Mme Weiss.

Ambulance de la rue Pichon (de M. et Mme P. Couillard) :

Mlle A. Longinie.

Ambulance Saint-Pierre (de Mlle M. Duré) :

Mlles Claire et Camille Duré, Mlle M. Poirel, Mlle L. Troginoff.

Service automobile

M. Maeder, administrateur directeur de la Société des Constructions électriques à Nancy ; MM. Bertrand, Jean Krug et Thiolère.

Service de raccommodage des vêtements militaires

M. Arnould-Masson, tailleur à Nancy.

Services divers

MM. Delalle, Dupont, Frenot, Leclerc, Lehaye, Maire et Rootoff.

A tous ces généreux concours, nous adressons un reconnaissant merci !

Car nous n'oublions pas que, de même que nos grands professeurs du cadre permanent de nos hôpitaux n'ont pas hésité, dans un sentiment d'admirable patriotisme, à sacrifier pendant quatre années et demie leur temps et leurs intérêts professionnels pour faire profiter nos blessés et nos victimes des bombardements de leur science et de leur art, de même nos médecins volontaires, nos élèves de la Faculté de Médecine de Nancy, ceux de la Faculté de Médecine de Paris, nos concitoyens de toutes professions, nos dames et nos jeunes filles de la ville, ont immédiatement à notre appel tout abandonné : clientèle, études, intérêts particuliers, distractions et plaisirs de toutes sortes, pour venir dans nos salles panser les blessures de nos dévoués défenseurs ou nous prêter leur concours aux soins ménagers de nos grands établissements !

Au nom de nos valeureux Blessés et de nos grands Morts, dont nous nous faisons les fidèles interprètes, nous adressons à toutes les personnes de bonne volonté qui ont contribué, à quelque titre que ce soit, à adoucir leurs souffrances ou leurs derniers instants, un nouvel hommage de profonde gratitude !

IV

Nos Mobilisés et leurs Lauriers

Ainsi que nous l'avons déjà écrit, l'appel de la Patrie en danger, le 1er août 1914, eut pour effet de nous priver de la collaboration de tous ceux des nôtres qui, de par leur âge ou les obligations contractées dès le temps de paix, étaient tenus de répondre à l'ordre de mobilisation.

C'est ainsi qu'outre nos internes, nos externes et la plus grande partie de notre personnel administratif, de celui du service des exploitations et de notre personnel infirmier, nous vîmes encore partir pour les armées :

M. Th. Guinier, membre de la Commission administrative; M. le professeur de clinique chirurgicale Weiss; MM. les professeurs agrégés : André, Binet, Georges Gross, Frœlich, Jacques, Perrin, J. Parisot, Richon, Sencert et Louis Spillmann; M. le docteur Rosenthal, directeur de l'École dentaire; MM. les chefs de clinique : Caussade, Coulet, Grandineau, Hamant, Heully, Lamy, Legris, Mutel, Rémy, A. Rohmer et Watrin.

Si au cours de la guerre, et notamment à l'époque de la création des centres de spécialités, quelques-uns de nos professeurs et de nos chefs de clinique nous revinrent envoyés par l'armée, pour exercer dans leur service respectif, au titre militaire, leur spécialisation, ce ne fut qu'après un long stage au front, et pour assurer à Nancy un service parfois bien pénible sous les bombardements.

Aussi, ne pouvons-nous qu'unir dans un même sentiment d'admiration le dévouement et l'abnégation de ceux des membres de notre corps médical qui ont été maintenus au front pendant toute la durée des hostilités et ceux qui, par nécessité, ont dû, à une certaine époque, être rappelés à reprendre dans nos hôpitaux des fonctions où leur science pouvait rendre à nos blessés d'inappréciables services.

Pouvons-nous faire mieux, également, pour rendre hommage au courage, à la valeur et au dévouement de nos mobilisés, que de citer les récompenses qui leur ont été décernées ?

Nous craindrions certes que notre silence sur ce point fut interprété pour de l'indifférence, et c'est pourquoi nous allons énumérer, dans l'ordre alphabétique, les titres de gloire de chacun d'eux.

Membre de la Commission administrative

M. Th. GUINIER, croix de chevalier de la Légion d'honneur.

Membres du Corps médical

Professeur titulaire de chaire magistrale :

M. le professeur Th. WEISS, croix d'officier de la Légion d'honneur ; croix de Guerre avec citation à l'ordre de la division.

Professeurs agrégés :

MM. les Professeurs :

ANDRÉ, croix de chevalier de la Légion d'honneur.

G. GROSS, chevalier de la Légion d'honneur ; croix de Guerre avec citation à l'ordre du régiment.

FRŒLICH, croix de chevalier de la Légion d'honneur.

G. MICHEL, croix de chevalier de la Légion d'honneur.

J. PARISOT, croix de chevalier puis d'officier de la Légion d'honneur ; croix de Guerre avec 4 citations, dont une à l'ordre de l'armée, une à l'ordre du corps d'armée, une à l'ordre de la division, une à l'ordre du Service de Santé ; médaille d'honneur en argent des épidémies.

RICHON, croix de chevalier de la Légion d'honneur.

SENCERT, croix de chevalier, puis croix d'officier de la Légion d'honneur ; croix de Guerre avec citation à l'ordre de l'armée.

L. Spillmann, croix de chevalier de la Légion d'honneur; croix
de Guerre avec citation à l'ordre du Service de Santé; médaille
d'honneur en argent des épidémies; lettre de félicitations de
M. le Sous-Secrétaire d'État au Ministère de la Guerre avec
citation au B. O. pour services remarquables rendus dans la
Direction du centre de prophylaxie antivénérienne de la
20ᵉ région.

Citons aussi, en raison de leurs attaches anciennes ou
nouvelles avec nos hôpitaux :

MM. les Professeurs agrégés :

Barthélémy, croix de chevalier de la Légion d'honneur; croix de
Guerre avec 2 citations à l'ordre du Service de Santé ou du
régiment.

Bouin, croix de chevalier de la Légion d'honneur.

Collin, croix de chevalier de la Légion d'honneur.

Fruhinsolz, croix de chevalier de la Légion d'honneur.

Hoche, croix de chevalier de la Légion d'honneur.

Lucien, croix de chevalier de la Légion d'honeur; croix de Guerre
avec citation à l'ordre l'armée.

École dentaire :

M. le docteur Rosenthal (directeur), médaille d'honneur en vermeil des épidémies; lettre de félicitations de M. le Sous-
Secrétaire d'État au Ministère de la Guerre avec citation au
B. O. pour services distingués rendus au centre de prothèse
maxillo-faciale de la 20ᵉ région.

Chefs de clinique :

MM. les Docteurs :

Adam, croix de chevalier de la Légion d'honneur; croix de Guerre
avec 2 citations, dont une à l'ordre du corps d'armée et une à
l'ordre de la division.

Benech, croix de chevalier de la Légion d'honneur; croix de
Guerre avec 2 citations à l'ordre du régiment; insigne des
blessés de guerre.

Bretagne, croix de Guerre avec citation à l'ordre de la division.

Caussade, croix de Guerre avec citation à l'ordre du régiment;
médaille d'honneur en argent des épidémies.

Coulet, croix de Guerre avec citation à l'ordre de la division;
insigne des blessés de guerre.

Grandineau, croix de Guerre avec 2 citations, dont une à l'ordre de la brigade et une à l'ordre du Service de Santé. .

Lamy, croix de Guerre avec citation à l'ordre du Service de Santé ; lettre de félicitations de M. le Sous-Secrétaire d'État au Ministère de la Guerre avec citation au B. O. pour services exceptionnels rendus dans la Direction du centre de radiographie de la 20e région.

Legris, croix de Guerre avec citation à l'ordre du Service de Santé.

Mutel, croix de Guerre avec 2 citations, dont une à l'ordre de l'armée et une à l'ordre du régiment ; officier de la Couronne du Royaume de Roumanie ; officier de la Vertu du Royaume de Roumanie.

A. Rohmer (décédé ambulance 11/2), croix de chevalier de la Légion d'honneur ; croix de Guerre avec 3 citations, dont deux à l'ordre de l'armée et une à l'ordre de la brigade ; médaille d'honneur en vermeil des épidémies ; témoignage d'un de ses chefs (en septembre 1914).

Watrin, chevalier de la Légion d'honneur ; croix de Guerre avec 3 citations, dont une à l'ordre de l'armée, une à l'ordre de la division et une à l'ordre du régiment ; médaille d'honneur des épidémies.

Citons aussi nos anciens chefs de clinique qui venaient à peine de voir cesser la durée de leurs fonctions au moment de la déclaration de guerre.

MM. les Docteurs :

Durand, croix de Guerre avec citation à l'ordre du corps d'armée.

Delfourd, croix de Guerre avec citation à l'ordre du Service de Santé.

Hans, croix de chevalier de la Légion d'honneur ; croix de Guerre avec citation à l'ordre de l'armée ; insigne des blessés de guerre.

Internes en médecine :

MM.

Algan (docteur), croix de Guerre avec citation à l'ordre du régiment ; insigne des blessés de guerre.

Aron (docteur), médaille d'honneur en argent des épidémies.

Brenas (docteur), croix de Guerre avec 3 citations, dont deux à l'ordre du régiment et une à l'ordre de la division,

Bonnet (docteur), chevalier de le Légion d'honneur ; croix de
Guerre avec 3 citations, dont une à l'ordre du régiment, une à
l'ordre de la division et une à l'ordre du corps d'armée.

Cornu, croix de chevalier de la Légion d'honneur ; croix de
Guerre avec 2 citations, dont une à l'ordre de la division et
une à l'ordre de la brigade ; ordre de Saint-Stanislas de Russie
avec glaive et rosette, insigne des blessés de guerre.

Chabaux, croix de chevalier de la Légion d'honneur.

Duroch (docteur), croix de Guerre avec 2 citations à l'ordre de
la division.

Drouet, croix de Guerre avec citation à l'ordre du régiment.

G. Étienne (docteur), médaille militaire ; croix de Guerre avec
3 citations, dont une à l'ordre du régiment, une à l'ordre du
corps d'armée et une à l'ordre de l'armée ; croix de Guerre
belge ; insigne des blessés de guerre.

Ferry (docteur), croix de chevalier de la Légion d'honneur.

Grimault (docteur), croix de Guerre avec citation à l'ordre du
Service de santé.

Guillemin, croix de Guerre avec citation à l'ordre du régiment,
médaille d'honneur des épidémies.

Heitz, croix de Guerre avec citation à l'ordre la division.

Huffschmitt (docteur), croix de Guerre avec 2 citations, dont
une à l'ordre la division et une à l'ordre de la brigade.

Lacombe, croix de chevalier de la Légion d'honneur ; croix de
Guerre avec 3 citations, dont une à l'ordre de la division, une
à l'ordre de la brigade et une à l'ordre du régiment ; insigne
des blessés de guerre.

Masson, croix de chevalier de la Légion d'honneur.

Mathieu (docteur), croix de Guerre avec citation à l'ordre du
corps d'armée.

Mariot, croix de Guerre avec 3 citations, dont deux à l'ordre de
la division et une à l'ordre du régiment.

Milot (docteur), croix de Guerre avec citation à l'ordre de la
division.

J. Remy (docteur), croix de Guerre avec citation à l'ordre de la
division.

Schmitt (tué à l'ennemi), médaille militaire ; croix de Guerre avec
2 citations, dont une à l'ordre de l'armée et une à l'ordre de
son bataillon ; insigne des blessés de guerre.

Verain (docteur), croix de chevalier de la Légion d'honneur ;
croix de Guerre avec 3 citations, dont deux à l'ordre de la
division et une à l'ordre du corps d'armée.

Vᴇʀᴍᴇʟɪɴ (docteur), chevalier de la Légion d'honneur; croix de Guerre avec 2 citations, dont une à l'ordre de l'armée et une à l'ordre de la brigade; médaille de la Bravoure serbe.

Vɪɢɴᴇᴜʟʟᴇ, croix de Guerre avec citation à l'ordre du régiment.

Externes et étudiants en médecine :

En raison des difficultés que nous avons rencontrées à obtenir les récompenses obtenues par nos externes et nos étudiants stagiaires, nous sommes contraints à ne citer que celles qu'il nous a été possible de nous procurer.

MM.

Bᴀᴜᴅᴏᴛ, croix de Guerre avec 3 citations, dont une à l'ordre de la division, une à l'ordre de la brigade et une à l'ordre de son bataillon; insigne des blessés de guerre.

Bᴇʀɢᴇʀᴇᴛ, croix de chevalier de la Légion d'honneur.

Cᴏʟᴍᴇᴢ, croix de chevalier de la Légion d'honneur.

Dɪᴏᴛ, croix de Guerre avec 3 citations, dont une à l'ordre de la division et deux à l'ordre du régiment.

Dᴏᴜᴢᴀɪɴ, croix de chevalier de la Légion d'honneur.

Dʀᴜᴇsɴᴇ, croix de chevalier de la Légion d'honneur.

Gᴜɪʟʜᴏᴜᴛ, croix de chevalier de la Légion d'honneur; croix de Guerre avec 4 citations, dont une à l'ordre de la division et trois à l'ordre de la brigade.

Hᴀᴜsʜᴀʟᴛᴇʀ (Jean), croix de Guerre avec citation à l'ordre du corps d'armée.

Hᴇᴢᴀʀᴅ, croix de chevalier de la Légion d'honneur.

Hᴇʀʙɪᴇʀ, croix de chevalier de la Légion d'honneur.

Hᴇʀᴅʟʏ, croix de chevalier de la Légion d'honneur.

Hᴏꜰꜰᴍᴀɴɴ, croix de chevalier de la Légion d'honneur.

Jᴏsᴇᴘʜ, croix de Guerre avec citation à l'ordre de la brigade; insigne des blessés de guerre.

Kᴀʜɴ, croix de chevalier de la Légion d'honneur.

Lᴀꜰʟᴏᴛᴛᴇ, croix de chevalier de la Légion d'honneur; croix de Guerre avec 3 citations, dont une à l'ordre du corps d'armée deux à l'ordre de la division.

Lᴀᴜʀᴇɴᴛ, croix de chevalier de la Légion d'honneur.

Lᴀᴄᴏᴜʀ, croix de chevalier de la Légion d'honneur.

Mᴀɪʀᴇᴛ, croix de chevalier de la Légion d'honneur.

Mᴀʀᴄʜᴀɴᴅ, lettre de félicitations du Général commandant la 8ᵉ armée.

MATHIEU (Louis), croix de Guerre avec 4 citations, dont deux à l'ordre du corps d'armée, une à l'ordre de la division et une à l'ordre du régiment; insigne des blessés de guerre.

MOURGUES, croix de Guerre avec 3 citations, dont deux à l'ordre de la division et une à l'ordre du régiment; insigne des blessés de guerre.

PAYSANT, croix de chevalier de la Légion d'honneur.

PICARD, croix de chevalier de la Légion d'honneur.

ROY, médaille militaire; croix de Guerre avec citation à l'ordre de l'armée; insigne des blessés de guerre.

SOLLIER, croix de Guerre avec citation à l'ordre du régiment.

TASSIN, croix de chevalier de la Légion d'honneur.

THIÉBAULT, croix de chevalier de la Légion d'honneur; croix de Guerre avec 5 citations, dont une à l'ordre du corps d'armée, deux à l'ordre de la division, une à l'ordre de la brigade et une à l'ordre du régiment ; insigne des blessés de guerre.

THOMASSIN, croix de chevalier de la Légion d'honneur.

VIRIOT, insigne des blessés de guerre.

Service de la Pharmacie

M. le professeur GRELOT (pharmacien chef), croix de chevalier de la Légion d'honneur.

Personnel administratif

MM.

GAUTHIER (comptable), insigne des blessés de guerre.

RIETHMULLER (comptable), croix de Guerre avec 3 citations, dont une à l'ordre du bataillon, une à l'ordre de la brigade et une à l'ordre de la division; insigne des blessés de guerre.

WAGNER (comptable), médaille militaire; croix de Guerre avec deux citations, dont une à l'ordre de l'armée et une à l'ordre du régiment, insigne des blessés de guerre.

Personnel religieux

M. l'abbé MASSON (aumônier des hôpitaux Maringer et Villemin, parti aux armées en 1917), médaille militaire, croix de Guerre avec 3 citations, dont une à l'ordre de l'armée, médaille d'honneur des épidémies.

Personnel du Service des Exploitations

MM.

BRAUN (jardinier chef à l'hôpital H.-Maringer), insigne des blessés de guerre.

CHAPELIER (surveillant des travaux), croix de Guerre avec citation à l'ordre du régiment.

Personnel infirmier

MM.

ALEXANDRE (infirmier à l'Hôpital civil), croix de Guerre avec citation à l'ordre du régiment.

BILICHTIN (infirmier à l'Hôpital civil, tué à l'ennemi), croix de Guerre avec citation à l'ordre du régiment.

CAZABAN (infirmier à l'Hôpital civil), médaille militaire; croix de Guerre avec 2 citations, dont une à l'ordre de l'armée et une à l'ordre de la division; insigne des blessés de guerre.

JOLAIN (infirmier à l'Hôpital civil), croix de Guerre avec citation à l'ordre de la brigade.

LEDOYEN, médaille militaire; croix de Guerre avec 4 citations, dont une à l'ordre de l'armée, une à l'ordre de la division et deux à l'ordre du régiment; insigne des blessés de guerre.

A notre excellent collègue, M. Guinier; à nos distingués professeurs de la Faculté de Médecine et leur chefs de clinique, internes, externes et stagiaires; à notre estimé pharmacien chef; à notre dévoué personnel administratif et à nos braves préposés et infirmiers, nous sommes heureux de renouveler ici nos plus vives et plus sincères félicitations !

V

Nos Morts au Champ d'honneur

Après de longs jours d'anxiété, de longs jours d'attente suivis de lendemains d'espérance, au cours desquels la patience de la Nation tout entière, sans connaître le découragement, fut soumise à une dure épreuve, nous avons eu la joie bien consolante de voir les efforts de nos héroïques soldats récompensés par le succès de leurs armes !

La victoire, en nous affranchissant de l'affreux cauchemar de la domination allemande, ayant libéré nos régions envahies et ramené au sein de la Mère-Patrie nos deux provinces perdues en 1870, a dissipé l'effet de bien des impressions pénibles durement ressenties pendant près de cinq années de guerre.

Elle n'a pu cependant effacer nos deuils dont la douleur et le souvenir resteront pour nous inaltérables.

Nous avons, au cours de ce travail, rappelé les noms de tous ceux de nos collaborateurs et amis qui sont morts à la tâche, victimes du devoir.

Nous devons aussi citer les noms de ceux des nôtres qui, étant au temps de paix attachés à nos hôpitaux, sont tombés en héros au champ d'honneur.

Pour les énumérer, nous adopterons, dans chaque classification, l'ordre alphabétique.

Anciens internes ou externes de nos hôpitaux :

MM. les Docteurs :

ADAMISTRE (Édouard), de Blévaincourt (Vosges); LANG-PRETZ (Adolphe), 36 ans, de Nancy; LECOMTE (Maurice), de Bayon; MANGENOT (René), de Blâmont; MEYER (Charles), 32 ans, de Beufeld (Alsace); MEGRAS (Joseph), de Lunéville; MATHIS (Charles), de Lunéville; MAURICE (Louis), de Onville; MULLER (Maurice), 32 ans, de Langres; OBÉLIANE (Paul), 35 ans, de Blâmont; PACOTTE (Joseph), 35 ans, de Conflans; RAPIN (Joseph), de Vichery (Vosges); ROSHEN (André), 30 ans, de Nancy; SAUCEROTTE (Louis), de Nancy; SIMONIN (Jean), 37 ans, de Nancy; THIRY (Georges), de Nancy; VAUTIER (Louis), de Bourg (Ain); VIGNERON (André), de Nancy.

Chef de clinique en activité de service à la mobilisation :

M. le docteur ROHMER (André), 32 ans, de Nancy (Service d'ophtalmologie).

Chirurgien-dentiste attaché à nos hôpitaux à la mobilisation :

M. BLANC, de Nancy, chef de travaux à l'École dentaire de la Faculté de Médecine.

Internes en médecine en activité de service à la mobilisation :
MM.

FRANÇOIS (Henri), 31 ans, de Nancy; SCHMITT (Pierre), 29 ans, de Baccarat.

Externes en médecine en activité de service à la mobilisation :
MM.

GRUYER (Louis), de Nancy; NICOT (Lucien), 32 ans, de Pont-Saint-Vincent; RAMU (Marcel), 26 ans, de Raon-l'Étape; THIERRY, de Charmes; WEISS (Roger), 24 ans, de Nancy.

Étudiants en médecine attachés à nos hôpitaux à la mobilisation :
MM.

CLAUSSE, de Clermont-en-Argonne; DAUSSE (Charles), 39 ans, de Saint-Max; DIÉTRICH; FIEHRER (Raymond), de Paris; FROSSARD (Léon), de Reims; HENNEQUIN (René), de Nancy; JULIEN (François), 23 ans, de Muzeray; JULIEN, de Rouvres (Meuse); JOLY (Robert), 27 ans, de Troyes; LAMBERT (André), de Givry-en-Argonne (Marne); LAMBERT, de Nancy; DE LAN-

ĠENHAGEN, de Plombières (Vosges) ; MASSON (Louis), 22 ans, de Frétigny (Haute-Saône) ; MAGROU (Étienne), 34 ans, de Nancy ; MAGNIER (Pierre), 25 ans, de Chantenais ; MANIGUET (Michel), 24 ans, de Sainte-Savine (Aube) ; OGER (André), 25 ans, de Pont-à-Mousson ; PÉTAIN (André), 26 ans, de Dombasle ; PÉGUENOT (Paul), 30 ans, de Luxeuil (Haute-Saône).

Personnel infirmier attaché à nos hôpitaux à la mobilisation :

MM.

BILICHTIN (Auguste), infirmier à l'Hôpital civil ; VENDREDI (Henri), infirmier à l'hospice Saint-Julien.

Nous garderons fidèlement la mémoire de tous ces héros, qui ont payé de leur sang et de leur vie la rançon de la victoire !

Nous conserverons entière dans nos cœurs l'amertume que nous a causée leur mort !

Nous nous inclinons respectueusement devant leurs familles en deuil, auxquelles nous adressons l'hommage de notre très respectueuse et bien profonde sympathie !

A tous ceux de nos collaborateurs et de nos amis qui ont dû faire aussi pour la Patrie le sacrifice de quelqu'un des leurs, nous renouvelons ici l'expression de nos affectueuses condoléances !

VI

Bilan de Guerre

Quelques chiffres frappants résumeront les cinq années de guerre de nos hôpitaux.

Bombardements, victimes, dégâts

Si, à l'exclusion des communes composant la périphérie de Nancy et certains centres de l'arrondissement dont les victimes des bombardements étaient également amenées à l'Hôpital civil, nous recherchons combien de fois, du 3 août 1914 (date de la déclaration de guerre) au 11 novembre 1918 (date de la signature de l'armistice), notre ville seule fut bombardée, nous constatons qu'elle subit 19 bombardements par canons et 110 par avions au cours desquels 1.196 bombes, torpilles ou gros obus (sans faire mention des fléchettes) furent lancés par l'ennemi faisant, outre de très importants dégâts matériels, 510 victimes dont 170 morts. (Nous avons extrait ces renseignements du très intéressant ouvrage de notre concitoyen, M. Emile Badel.) Nous ne comprenons pas bien entendu dans ces chiffres les nombreuses alertes n'ayant pas été suivies de bombardements, qui tinrent pendant plus de quatre années la population de Nancy constamment sur le qui-vive et l'obligèrent à tant de veilles et de fatigues. Mentionnons aussi pour mémoire les nombreux culots d'obus français qui au cours des bombardements retombaient partout dans les rues et sur les immeubles, par suite des moyens qu'on était obligé d'employer pour la défense aérienne de la ville.

Au cours de ces bombardements, nos hôpitaux, soit par chute directe de bombes ou torpilles, soit par éclats d'obus ou de bombes tombés à proximité d'eux, furent atteints 18 fois, savoir :

Hôpital civil	1 fois	(pas de victime)
(mais ayant été fréquemment entouré par la chute de projectiles sans être atteint)		
Hôpital Marin	1 —	(pas de victime)
Hôpital Maringer	3 —	(1 blessé)
Hôpital Villemin	3 —	(pas de victime)
Hôpital de l'ancien Grand-Séminaire	1 —	(pas de victime)
Hospice Saint-Julien	6 —	(19 blessés)
Hospice Saint-Stanislas	3 —	(pas de victime)
Total égal	18 fois	

Il faut bien ajouter que si les bombardements ne firent pas, dans nos hôpitaux comme dans toute la ville, plus de victimes, le fait en est dû au très louable effort fait de tous côtés par la Municipalité, les Administrations locales et les particuliers, en vue de la construction et de l'installation d'abris protecteurs où la population avait la consigne de se rendre dès la première alerte.

Les dégâts matériels que les bombardements causèrent à Nancy furent, avons-nous déjà écrit, très importants. Pour nos établissements hospitaliers, indépendamment de ceux causés à leurs propriétés suburbaines qui, sur les bases d'estimation d'avant guerre, se sont élevés à la somme de près de 400.000 fr. ce qui, au taux du jour, représente une valeur de 1.500.000 de francs, relatons que les dégâts de nos hôpitaux ou propriétés *intra muros* se sont élevés sur les bases d'estimation d'avant guerre à la somme de 100.000 fr.

Effort en faveur de l'Armée

Ces efforts se chiffrent de la façon suivante :

Dès le début des hostilités, avec les concours de leurs formations auxiliaires organisées, nos hôpitaux mirent à la disposition du Service de Santé 2.080 lits, dont le nombre fut quelques mois après les batailles du Grand-Couronné réduit à celui de 1.375.

Ces 1.375 lits furent ainsi répartis :

Hôpital civil.	500	
Pension Bon-Secours	80	(réservés pour les officiers)
Hôpital H.-Maringer	187	
Hôpital Villemin.	336	
Hôpital Marin	147	
Hôpital de l'ancien Grand-Séminaire	125	
Total égal	1.375	

qui permirent d'hospitaliser pendant la guerre 25.150 militaires.

Pour préciser l'effort fait dans chaque établissement, nous devons indiquer que ce dernier chiffre se décompose de la façon suivante :

Hôpital civil.	8.963
Hôpital H.-Maringer	5.539
Hôpital Villemin.	4.964
Hôpital de l'ancien Grand-Séminaire. .	1.929
Hôpital Marin.	1.587
Annexe pour officiers de la Pension Bon-Secours	1.160
Annexe de la Maison-Mère des Sœurs de Saint-Charles	548
Annexe de l'hospice Saint-Julien	233
Annexe Saint-Pierre (de Mlles Duré)	138
Annexe de la rue Pichon (de M. et Mme Couillard).	89
Total égal	25.150 hospitalisés

Si l'on tient compte que pendant la période de ces hospitalisations, il est survenu 788 décès de militaires de tous grades, on constate que, malgré notre population particulière de grands blessés ou malades, la mortalité n'a atteint que le chiffre (assurément encore trop élevé, mais bien faible par rapport à l'importance du nombre de militaires traités) de 3,17 %.

Effort en faveur de la population civile

Si nos hôpitaux ont dû restreindre, en raison des besoins de l'armée et des bombardements de Nancy, les hospitalisations de malades civils, ce ne fut pas au détriment de la population de leur circonscription hospitalière.

Nos hôpitaux remplirent d'une façon intégrale leurs obligations d'assistance légales en recevant tous les malades et blessés, de Nancy et de son arrondissement, atteints d'affections curables, ainsi que tous les blessés graves du département. De plus, bien qu'ayant fait porter la réduction des hospitalisations civiles, principalement sur celles (qui ne leur incombaient d'ailleurs légalement pas) des populations des départements étrangers à celui de Meurthe-et-Moselle, nos hôpitaux reçurent encore bien souvent, au cours de la guerre, par mesure humanitaire, des malades de ces départements atteints d'affections graves d'ordre chirurgical.

Les chiffres ci-après, en tenant compte de la diminution du chiffre de la population de Nancy et du département pendant la guerre, suffiront à démontrer l'effort accompli :

	Malades	Jours d'hospitalisation
Hôpital civil	17.685 pour	493.254
Hôpitaux H.-Maringer et Villemin	6.029 —	196.513
Total égal	23.714 pour	689.767

Malgré les bombardements et les évacuations dont ils ont été l'objet, nos deux hospices Saint-Julien et Saint-Stanislas n'en ont pas moins, de leur côté, abrité une population

moyenne de : 470 vieillards, infirmes et incurables pour un
total global de journées de présence de. 872.895
et 206 orphelins et enfants assistés (au Dépôt)
pour un total global de journées de présence de.   402.938

Soit, pour ces deux hospices, un chiffre total
de journées d'hospitalisation de. 1.275.833

Ajoutons qu'au cours de la guerre nous avons eu, à
l'hospice Saint-Stanislas, un afflux particulièrement important d'enfants pupilles de l'Assistance publique. Alors
qu'auparavant la population moyenne journalière des enfants
envoyés à l'hospice dépositaire était à peine de 30, nous
avons vu parfois le nombre de ces enfants présents atteindre
le chiffre de 157. Notre hospice n'avait pas revu pareille
affluence depuis les années 1870-1871 et celles d'épidémies
qui suivirent.

Nos pertes de collaborateurs morts, victimes du Devoir

Pendant les cinq années d'hostilités, nos établissements
hospitaliers ont vu succomber à la tâche 28 des leurs, tant
dans le cadre du personnel attaché à titre permanent que
dans celui des concours volontaires, savoir :

    1 directeur-économe ;
    1 pharmacien chef ;
    2 professeurs chefs de service ;
    2 dames supérieures, Sœurs de l'Ordre de Saint-Charles ;
  12 sœurs surveillantes des Services hospitaliers (du même
        ordre) ;
    1 aumônier ;
    3 dames infirmières bénévoles ;
    6 infirmiers ou infirmières du cadre permanent.

Ce chapitre doit être complété par le décès consécutif à
la guerre, de M. François, administrateur des Hospices ; par
celui de M. le professeur Rohmer et celui de M{ }^{lle} Mathilde
Duré, ex-directrice de l'ambulance Saint-Pierre.

Nos pertes de collaborateurs morts au Champ d'honneur

Pendant la durée de la guerre, nos hôpitaux ont vu disparaître aux armées 48 des leurs, savoir :

18 anciens internes ou externes en médecine ;
 1 chef de clinique (en activité de service à la mobilisation);
 1 chirurgien-dentiste   —   —   —
 2 internes en médecine   —   —   —
 5 externes en médecine —   —   —
19 étudiants en médecine (attachés à nos hôpitaux à la mobilisation) ;
 2 infirmiers du cadre permanent (attachés à nos hôpitaux à la mobilisation).

Récompenses obtenues dans nos Hôpitaux

Pendant la guerre, nous avons vu récompenser le dévouement et le mérite de beaucoup de ceux qui se sont intéressés à notre grande œuvre hospitalière par :

 5 croix de chevalier de la Légion d'honneur ;
 1 croix de Guerre avec citation à l'ordre de l'armée ;
 1 croix de Guerre avec citation à l'ordre du corps d'armée ;
 1 croix de Guerre avec citation à l'ordre de la division ;
 4 citations civiques à l'ordre de la Nation ;
 1 médaille de 1re classe de la Reconnaissance Française (vermeil) ;
 3 médailles de 2e classe de la Reconnaissance Française (argent) ;
 4 médailles de 3e classe de la Reconnaissance Française (bronze) ;
 2 médailles d'or de l'Assistance publique ;
 3 médailles d'argent   —
24 médailles de bronze   —
 1 médaille d'honneur d'or des épidémies ;

3 médailles d'honneur de vermeil des épidémies ;
4   —   d'argent   —
5   —   de bronze   —
1 diplôme d'honneur d'horticulture (armée) ;
1   —   de la Société d'horticulture de Nancy ;
2 médailles de vermeil de la Société d'horticulture de
     Nancy.

Cette liste vient se compléter par les récompenses dont
les propositions avaient été faites pendant la guerre, mais
qui ne furent suivies d'effet qu'après la publication du décret
de cessation des hostilités. Elles sont au nombre de 23,
savoir :

2 croix d'officier de la Légion d'honneur ;
5 croix de chevalier de la Légion d'honneur ;
1 citation civique à l'ordre de la Nation ;
7 médailles de 2e classe de la Reconnaissance Française
     (argent) ;
1 médaille de 3e classe de la Reconnaissance Française
     (bronze) ;
6 médailles de bronze des Épidémies ;
1 croix de chevalier de Nicham Iftikar.

Récompenses obtenues aux Armées par nos mobilisés

Nous avons vu au cours de la guerre récompenser la
valeur et le dévouement de nos mobilisés par :

3 croix d'officier de la Légion d'honneur ;
24 croix de chevalier de la Légion d'honneur ;
3 médailles militaires ;
13 croix de Guerre avec citation à l'ordre de l'armée ;
11 croix de Guerre avec citation à l'ordre du corps d'ar-
     mée ;
31 croix de Guerre avec citation à l'ordre de la division ;
47 croix de Guerre avec citation à l'ordre de la brigade ou
     du régiment ;

8 médailles d'honneur des épidémies ;
5 lettres officielles de félicitations ;
6 distinctions de guerre de puissances alliées.

Ainsi s'établit le bilan de nos hôpitaux pour la période d'hostilités 1914-1919.

VII

Après Guerre

Bien que le récit des événements qui ont constitué la vie quotidienne de nos hôpitaux pendant les cinq années d'hostilités, soit de fait clos avec l'arrêté de notre bilan, il est certains de ces événements, rappelés jusqu'ici pour mémoire seulement, qui doivent trouver dans un dernier chapitre leur explication.

Dans notre bilan, au rappel du chiffre de nos morts victimes du devoir, nous avons fait mention du décès postérieur à la signature du décret de cessation des hostilités, de M. Stéphane François, membre de la Commission administrative, de M. le professeur Rohmer, notre médecin chef du service d'ophtalmologie de l'Hôpital civil, et de Mlle Mathilde Duré, ex-directrice de notre ambulance Saint-Pierre.

Déjà fatigué par une longue vie de travail et de dévouement, M. François avait vu sa santé s'altérer considérablement encore à la suite d'un deuil bien pénible qui vint le frapper dans la personne d'un de ses fils, officier de l'armée française, tué au champ d'honneur. Il ne put surmonter ce gros chagrin qui, en trois années à peine, l'achemina lentement vers la tombe, car sans avoir été alité un seul jour, il expira le 6 novembre 1919, après une agonie de quelques heures seulement. Nos hôpitaux perdirent en lui un dévoué défenseur de leurs intérêts, qui ne leur avait marchandé ni son temps ni ses forces, et les membres de la Commission administrative, un bien digne collègue.

Par la mort de M. le professeur Rohmer, médecin chef de notre important service d'ophtalmologie, la Faculté de Médecine et nos hôpitaux furent atteints au même titre. Après avoir illustré sa chaire pendant de longues années et sauvé, dans notre Hôpital central, la vue à d'innombrables malades qui lui furent confiés, M. le professeur Rohmer apporta pendant la guerre ses soins les plus éclairés et les plus assidus à nos blessés militaires, comme médecin chef de notre centre d'ophtalmologie militaire et simultanément comme médecin chef de l'ambulance du Lycée Henri-Poincaré.

L'activité qu'il déploya, la perte de deux fils tombés au champ d'honneur, vinrent altérer profondément sa santé et préparer l'issue fatale que l'âge ne pouvait encore de longtemps faire prévoir. Après une très courte maladie, M. le professeur Rohmer succomba le 12 février 1921, laissant tant au sein de la Faculté de Médecine que dans notre Hôpital central, un vide durement ressenti. A son décès, M. le professeur Rohmer venait de recevoir la juste récompense de ses éminents services, en étant promu chevalier de la Légion d'honneur.

Mlle Mathilde Duré, ex-directrice de notre ambulance Saint-Pierre, succomba également après la fin des hostilités. Bien que sa mort ne soit pas la résultante directe d'une affectation contractée pendant la guerre, nous pouvons bien dire que le dévouement que, malgré son âge déjà avancé, Mlle Duré apporta dans le fonctionnement de son ambulance, ainsi qu'auprès de nos soldats indigènes qu'elle visita dans les diverses formations militaires de la ville, ne fut pas étranger à la grosse fatigue qui provoqua sa mort. Le Gouvernement tunisien tint d'ailleurs à reconnaître ses mérites en lui conférant la distinction du Nicham Iftikar.

Aussi notre pensée va-t-elle encore en ce moment vers ces familles en deuil auxquelles nous renouvelons l'expression de notre respectueuse et très vive sympathie.

La démobilisation était à peine commencée que la Commission administrative se préoccupa aussitôt de trouver un titulaire pour les fonctions de pharmacien chef des Hospices. Le décès du regretté M. le professeur Guérin avait en effet ouvert la vacance du poste, qui n'avait pu être comblée pendant la guerre en raison de la mobilisation des titulaires éventuels. La Commission avait eu recours pendant trois années au Service de Santé de l'armée qui avait successivement détaché dans notre Hôpital central deux pharmaciens majors de réserve. Mais la démobilisation devait rendre le dernier de ces deux concours militaires à la vie civile et il importait de pourvoir au plus tôt à la succession définitive de M. le professeur Guérin.

La Commission administrative, respectant la tradition, porta alors son choix sur un professeur de l'École supérieure de pharmacie de Nancy dans la personne de M. le professeur Grélot dont les titres scientifiques justifiaient amplement la confiance qui lui était témoignée.

*
* *

Comme nous en avons déjà fait mention dans notre bilan au chapitre des récompenses obtenues dans nos Hôpitaux, nous vîmes encore reconnaître le dévouement et le mérite de douze de nos collaborateurs de guerre ou de ceux de notre cadre permanent : Mme Sœur Louise Barrot, notre estimée Supérieure de l'Hôpital civil ; Mme Jambois, femme de notre dévoué collègue de la Commission administrative, qui, après la fermeture de l'ambulance de l'École professionnelle, nous apporta comme dame infirmière sa si féconde et si précieuse collaboration à l'Hôpital civil ; Mme G. Renard, femme du distingué professeur de la Faculté de droit, qui, comme dame infirmière également, fut sans interruption pendant cinq années d'un dévouement admirable ; Mme Caboche et Mlle Elisabeth Simon, reçurent la médaille de 2e classe (médaille d'argent) de la Reconnaissance Française. De même, Mlle Elisa Cleisz, reçut celle de 3e classe.

Sœur Julie Dubuis, attachée au service des contagieux à l'Hôpital civil ; M. Santenoise (Jules), externe d'un de nos services de médecine générale, et Mlles les infirmières du cadre permanent de l'Hôpital civil, Marie Alexandre, Geneviève Rigard, Jeanne Robert et Yvonne Rudelli, reçurent la médaille d'honneur en bronze des épidémies.

A ces distinctions, s'ajoutèrent celles de plusieurs de nos éminents professeurs de la Faculté de Médecine : celle d'abord de M. le doyen honoraire Gross, puis celle de M. le doyen actuel Meyer qui virent, par la médaille de 2ᵉ classe de la Reconnaissance Française (médaille d'argent), récompenser leurs précieux services de guerre.

M. le doyen Meyer, avec son collègue, M. le professeur Pierre Parisot, notre distingué et très dévoué ex-médecin chef de l'hôpital Marin, furent aussi promus officiers de la Légion d'honneur par M. le Ministre de la Guerre qui tint ainsi à marquer la reconnaissance de l'armée pour la si féconde collaboration que lui avaient apportée les titulaires.

M. le Ministre de la Guerre récompensa en outre pour les mêmes motifs les deux médecins chefs de nos grands services de médecine générale de l'Hôpital civil ; M. le professeur Etienne qui, pendant la guerre, remplit également les fonctions de médecin chef de l'ambulance du Bon-Pasteur, et M. le professeur Simon, qui fut aussi médecin de l'ambulance de l'École professionnelle, en leur conférant la dignité de chevalier de la Légion d'honneur.

Cette haute distinction fut encore conférée à M. le professeur Macé, directeur de l'Institut sérothérapique et à notre ancien médecin chef de l'hôpital H.-Maringer, M. le docteur Adam, qui furent promus chevaliers.

Nous eûmes enfin la grande satisfaction de voir la Faculté de Médecine de Nancy tout entière mise collectivement à l'honneur par une superbe citation dans laquelle le Gouvernement porta à la connaissance du pays la belle attitude et les incalculables services rendus pendant la guerre par le personnel enseignant, le personnel auxiliaire et le personnel de service de cette Faculté.

Nos collaborateurs n'ont pu tous voir, ainsi que nous l'aurions désiré, récompenser leurs mérites et leur dévouement. Nous savons qu'ils ont trouvé dans l'accomplissement du devoir la satisfaction bien consolante de leurs efforts et que cette satisfaction suffit à leur cœur généreux. Mais cependant, nous pouvons encore espérer que le Gouvernement sanctionnera sous peu la valeur de certains dévouements particulièrement méritoires, et qu'enfin, tous ceux qui nous ont apporté pendant la guerre leur collaboration verront dans la médaille commémorative le témoignage officiel de la reconnaissance de la Patrie pour les services qu'ils lui ont rendus.

*
* *

Pour terminer notre récit, nous devons ajouter qu'aujourd'hui nos établissements hospitaliers, bien qu'ayant été gravement secoués par cinq années de guerre, n'en ont pas moins repris avec entrain leurs travaux et leur évolution. La guerre a fait surgir pour l'Etat bien des problèmes nouveaux que tout Français doit aider à résoudre.

Dans leur domaine, nos établissements de bienfaisance apporteront toujours aux Pouvoirs publics le concours le plus large possible. Ils chercheront à soulager de plus en plus efficacement la souffrance et la misère humaines. Pour cela ils désirent créer des organisations nouvelles que les circonstances actuelles réclament, et doter d'un outillage plus moderne leurs services hospitaliers.

Il est certain que l'effort à accomplir est considérable : perfectionner la lutte antivénérienne, celle antituberculeuse avec ses organisations multiples ; compléter l'installation de nos services de radiographie et d'électrothérapie ; améliorer nos services de chirurgie et de médecine générales ; créer des pavillons nouveaux de contagieux, d'oto-rhino-laryngologie, d'urologie, etc., etc.) tel est le vague aperçu du vaste et écrasant programme que nos hôpitaux doivent dès maintenant envisager.

Mais par la bonne volonté de tous, par le concours des Pouvoirs publics et celui des âmes charitables qui, en Lorraine, n'a jamais fait défaut, la tâche ne sera, on peut l'espérer, ni trop lourde ni trop longue à mener à bien.

Soigner nos vaillants soldats blessés et nos malheureuses victimes des bombardements a été pour nos hôpitaux l'œuvre d'hier !

Contribuer à améliorer le sort de ceux qui souffrent en pansant les maux et en soulageant les misères que la guerre a propagés est pour eux l'œuvre d'aujourd'hui.

Profiter des leçons du passé et des progrès que fait chaque jour la science, pour moderniser nos établissements, sera plus particulièrement celle de demain !

TABLE DES MATIÈRES

Imprimerie Lorraine, RIGOT & Cie, Nancy.